Acrobats of Charity
Alex Chemezov

Dmitry Grigorovich

Акробаты благотворительности
Алексей Чемезов

Дмитрий В. Григорович

Acrobats of Charity; Alex Chemezov

ISNB: 978-1-60444-903-7

Акробаты благотворительности . Алексей Чемезов

© Индоевропейских Издание , 2018

ISNB: 978-1-60444-903-7

АКРОБАТЫ БЛАГОТВОРИТЕЛЬНОСТИ

... "Служение общественной пользе! Благотворительность! То и другое святое дело, если только руководят ими искреннее чувство и убеждение..."

Аббат Ламенэ

"Глядишь, сеют рожь, а выходит ложь".

Русская поговорка.

I

В одной из улиц Петербурга находится большое каменное здание, сооруженное в двадцатых годах нашего столетия; вы отсюда уже видите характер архитектуры: наверху неизбежный треугольный фронтон; ниже ряд толстых колонн, заслоняющих свет в средней части бель-этажа; еще ниже - совсем уже ни на что не нужный выступ с пятью арками; в средней арке помещается подъезд. К нему, в последнее время, приделали крытый железом намет на чугунных столбах.

Многие годы дом окрашивался краской цвета крутого желтка; цвет был тогда в моде. Но с тех пор произошли значительные перемены: нравы умягчились, вместе с ними умягчился вкус, и дом перекрасили в одноцветный жидко-серо-молочный цвет, не выключая колонн и фронтона. Не изменилось одно только: мостовая. Известно, что в наших городах вообще экипажи не столько катятся, сколько подскакивают, и возницы не столько правят вожжами, сколько дергают; но здесь уже просто, как говорится, вышибало из сиденья и часто ломались оси.

При доме находился, однако же, экзекутор; но жалованье получал он маленькое, детей имел кучу и по необходимости посвящал большую часть времени собственным двум дачам на Черной речке; к дачам прилегал хозяйственно устроенный огород, снабжавши окрестных жителей прекрасной и даже недорогой клубникой. Служебные его обязанности, главным образом, сосредоточивались на квартире начальника, которая помещалась в бельэтаже, - и с этой стороны, надо отдать справедливость

1

экзекутору, он был безупречен: камины и печи никогда не дымили, полы натирались до зеркальности, мебель и ковры всегда тщательно выбивались, дверные ручки и ключи поворачивались как в масле, все блистало чистотою и показывало примерное усердие. Последнее качество заслуживало тем больше внимания, что экзекутор никогда почти не встречал начальника, ни разу не удостоился от него похвалы.

Начальник был человек превосходный, с мягкой душой и великодушным сердцем; но он стоял на такой высоте, откуда можно было видеть только крупные предметы. Постоянно озабоченный самыми сложными и разнообразными вопросами, постоянно устремляя взор на дальние горизонты, он проходил обыкновенно мимо, изредка кивая головою, часто даже не отдавая себе отчета в том, кому кивал и кто ему кланялся. Он вряд ли даже подозревал, о существовании экзекутора. Еще труднее было ему заметить неисправность мостовой, так как на всех его экипажах шины постоянно перетягивались толстым обводом из гуттаперчи.

В июле месяце, часу в десятом утра, парадная дверь описанного здания внезапно отворилась; на пороге ее показался швейцар. Он был пока запросто: парадная форма и перевязь заменялись длиннополым синим сюртуком и белым галстуком; но галун на фуражке и гербовые пуговицы на сюртуке достаточно указывали его звание. Из-за швейцара просунулся бочком румяный, как амур, курьер, с бляхой на груди, крутыми завитками на голове и толстым туловищем на коротких ножках.

Курьер закурил папироску; швейцар попросил у него огня; но, в ту же минуту, из-за угла показалась крытая коляска и прямо покатила к подъезд.

- Воскресенский! шепнул курьер, поспешно бросая папиросу и затаптывая ее подошвой.

- Вижу! отозвался швейцар, повторяя то же движение.

Не дав экипажу окончательно остановиться, оба с озабоченными лицами ринулись вперед, отстегнули фартук коляски и принялись бережно, почтительно высаживать длинного согбенного господина, который, как только стал на ноги и выпрямился, оказался совсем еще не дряхлым человеком, - лет пятидесяти, не больше, - но уже значительно поседевшим. Волосы его не столько, впрочем, были белы, сколько отличались мутно-зеленоватым отливом; золотые очки, низко сидевшие на переносице, открывали пару выпуклых близоруких беловатых зрачков, которые мигали и щурились, как глаза совы, неожиданно выставленной на солнце. Несмотря на июль месяц, он был в теплом ватном пальто и резиновых калошах, надетых на огромные плоские ступни с наростами подле большого пальца в виде луковиц. Малокровие, заставлявшее его зябнуть в то время, как другие не знали куда деваться от жары, достаточно, впрочем, подтверждалось мутно-золотушным цветом худощавого лица, обтянутого дряблой, расслабленной кожей. В целом, приезжий имел вид чего-то мягкого, разварного, замшевого и унылого, но, вместе с тем, было в нем также что-то вкрадчивое, подползающее, невольно, со стороны, внушавшее чувство осторожности.

- Афанасьев, медленно проговорил он, обратясь к курьеру, - возьми портфель из коляски; возьмешь также заодно ящик, завернутый в бумагу; но только осторожней; не толкни как-нибудь; то и другое снесешь в приемную...

- Слушаю, ваше превосходительство!

Пока курьер хлопотал в коляске, приезжий, сопровождаемый швейцаром, продолжавшим бережливо поддерживать его под локоть, успел пройти в прихожую, - просторную, высокую комнату на сводах; вся нижняя часть стен в промежутках, остававшихся свободными от э дверей и окон, была обита лакированным деревом с бесчисленным множеством вешалок; под выступающим карнизом выдвигался ряд стульев с прямыми спинками; перед одним из окон находился стол с чернильницей и толстыми книгами, где расписывались приезжающие и отмечались адресы. Прихожая освещалась, с одной стороны, окнами на улицу, с другой - широкой парадной лестницей.

- Позвольте вас почистить, ваше превосходительство. Вы изволили запылиться, озабоченно произнес швейцар, подбегая со щеткой, которая как бы скрывалась наготове в его рукаве и вдруг оттуда выскочила. - Теперь сухо, ваше превосходительство; изволили с дачи приехать - мудрено ли запылиться? добавил он с подобострастной фамильярностью служителей, обращающихся к важным лицам, давно знакомым и близко стоящим к высшему начальству.

Отдавая себя в руки швейцара, г. Воскресенский ограничился тем, что поправил очки и снял шляпу, которую живо подхватил другой курьер, выскочивший из боковой двери,

В вицмундире, из-под борта которого скромно выглядывал угол звезды, г. Воскресенский показался еще худощавее и тщедушнее; унылое лицо его заметно, однако же, выказало здесь больше живости, самые движения стали бодрее; даже кончики фалд на вицмундире как бы сами собой затрепетали, напоминая перо рыбы, неожиданно опущенной в воду. Он, очевидно, чувствовал себя здесь на своей почве.

Лицо г. Воскресенского, освобожденное от шляпы, близко напомнило старую лисицу. Все черты стягивались к заостренному холодному хрящику носа, который, казалось, не столько вдыхал воздух, сколько постоянно что-то обнюхивал; к сходству прибавляли также большие уши, торчавшие навылет и кончавшиеся остряками на верхней части. Впечатление смягчалось несколько сединою волос, спускавшихся вдоль щек жидкими плоскими прядями; в них точно так же было что-то расслабленное, как бы страдавшее от недостатка питания на их почве. То же самое можно было сказать о глазах с их беловатыми выпуклыми зрачками, окаймленными красными опухшими веками; они также казались утомленными и расслабленными, также смотрели вниз, отвечая на вид тихому голосу и мягким движениям их владельца.

- Никого еще нет? - спросил он, указывая глазами на парадную лестницу.

- Никак нет, ваше превосходительство! отвечали в одно время и с одинаковой поспешностью швейцар и курьер.

- Кто сегодня дежурный?

- Господин Стрекозин.

Г. Воскресенский направился к парадной лестнице, открывавшейся светлым пятном между двумя колоннами, отполированными под мрамор; освещаясь справа окнами второго этажа, лестница после первой площадки делилась на две части, подымавшиеся параллельно одна другой; они приводили на верхнюю площадку, украшенную такими же колоннами, как при вход; ковровая полоса красного цвета, перехваченная у каждой ступени медным вылощенным прутом, занимала середину лестницы и прекращалась у входа в большую светлую залу, украшенную лепной работой.

Войдя в нее, г. Воскресенский тотчас же взял влево, отыскал ручку незаметной двери и отворил ее тае же спокойно, как у себя дома; миновав большую столовую, он перешел в буфетную, обставленную высокими шкапами; сквозь стекла виднелись серебро и всякого рода посуда.

Боковая часть стены забрана была изразцами и тут же выставлялась плита, подле которой стоял кухонный мужик В красной рубашке и белом переднике; против плиты, перед окном, раскидывался длинный липовый стол; на нем красовался серебряный поднос, уснащенный чайным прибором, корзиной с хлебом, маслом и яйцами, глядевшими из-под салфетки с вытканным гербом на углу. Перед подносом хлопотал величественного вида буфетчик во фраке, белом галстуке и вязаных перчатках; обстрижен он был под гребенку; лицо его, круглое, как пузырь, и выбритое под атлас, сияло важностью и довольством.

Оно проявило все признаки радостного оживления, как только в дверях показался г. Воскресенский.

- Ах, ваше превосходительство, как рано изволили пожаловать! воскликнул он, раскланиваясь.

- Что, как его сиятельство'? Встал? проговорил г. Воскресенский, снисходительно кивая головою.

- Только что перешли в уборную; не прикажете ли чаю, ваше превосходительство?

- Нет, спасибо... А что поделывает мой крестник, как учится?

4

осведомился неожиданно г. Воскресенский, выказывая участие, которого, впрочем, не чувствовал.

- Благодарю вас покорно; перешел во второй класс гимназии... Все вас надо благодарить, ваше превосходительство...

- Ну, полно, полно...

- Помилуйте, как же! Не вы ли изволили определить его на казенный счет? Нам никогда бы этого не добиться, потому, как вам известно, его сиятельство в это не входят...

- Очень рад, очень рад, перебил г. Воскресенский, - я всегда рад, когда могу сделать доброе дело...

- Всем нам это очень хорошо известно... Мы это чувствуем, произнес буфетчик, переменяя несколько свободный тон на почтительный и даже расчувствованный.

В эту минуту из отдаленных комнат послышался звонок.

Буфетчик ухватился обеими руками за поднос и с торопливой заботливостью спросил, проходя мимо:

- Прикажете сейчас доложить?

- Пожалуй... впрочем, я не тороплюсь... Во всяком случае, я буду там в приемной, заключил г. Воскресенский, выходя из буфетной.

Минуту спустя он снова очутился у входа в белую залу. Отсюда открывалась целая перспектива парадных комнат, которые оканчивались приемной. Войдя в нее, он подошел в столу, на котором уже лежал его портфель и сверток, обернутый бумагой и припечатанный сургучом. Сорвав печати, г. Воскресенский выложил на стол деревянный резной сигарный ящик с застежками из кованого железа и еще дамский несессер, украшенный инкрустациями из цветного дерева. Не отдавая большого внимания этим предметам, он равнодушным взглядом окинул стены приемной и, заложив руку за фалды вицмундира, принялся медленно расхаживать по всей амфиладе парадных комнат, обставленных тяжеловесною мебелью тридцатых годов; она была обита штофом разного цвета, согласно с цветом стен, Там, где не было ковров, паркет везде лоснился, отражая блеск окон и зеркал, расположенных в простенках.

Несмотря на смертную скуку, распространяемую этими комнатами, - скуку, которую не только не выкупали, но еще усиливали размеры архитектурных линий, вышина стен и окон, пестрота больших казенных фарфоровых ваз в углах, массивные канделябры и часы на каминах, - они, тем не менее, производили внушительное действие; невольное чувство заставляло осматриваться, понижать голос и не стучать каблуками.

По привычке, вероятно, проходить эти залы, г. Воскресенский не ощущал, по-видимому, ничего подобного. Он, правда, не столько шагал, сколько скользил на мягких своих подошвах; плоские его ступни с выдающимися луковицами у большого пальца двигались смело, упирались в ковры и паркет с приметной самоуверенностью. Постарелый вид сапогов, вицмундир с истертым бархатным воротником, галстук, небрежно повязанный, подтверждали также его бесцеремонное отношение ко всему окружающему.

Если улыбка самодовольства показывалась иногда на бледных губах его, если самый взгляд изменял обычному тусклому выражению, тут нет ничего удивительного. Он был здесь наедине с самим собою; ему, наконец, не к чему было стесняться, не зачем было себя насиловать: смиренный взгляд, мягкие движения, тихий голос давно уже сделали свое дело, давно упрочили ему известность человека, в высшей степени благонамеренного, снисходительного, услужливого, не считая репутации человека высокой нравственности и глубокого благочестия, приобретенной им в кругу знатных благотворительных старух, где он преимущественно вращался.

Общественное положение г. Воскресенского было делом рук его; он мог им не гордиться. Твердая поступь, равнодушие к окружающей обстановке, самодовольная улыбка выражали здесь сознание удовлетворенного тщеславия, уверенность достигнутой цели.

Приговор тщеславным людям так же вообще несправедлив, как приговор самому тщеславию, считающемуся предосудительным чувством. Здесь, как и везде, все основано на оттенках; отличие оттенков основывается в свою очередь, на руководящем двигателе, на поводе или мотиве, как теперь выражаются. Одним тщеславие помогает исполнять великие общественные задачи; другим служит орудием для достижения личных целей. Там, где первые прорываются ядром, вылетевшим из пушки, и пролетают со свистом большое пространство, другие тихо, незаметно проскользают и, как холера, действуют в более тесном горизонте. Но, во всяком случае, как там, так и здесь, требуется расход известной силы, требуется присутствие внутреннего подъема, излишек чего-то такого, что вообще не сплошь и рядом встречается в людях; нужен особый темперамент, нужно больше фосфора в костях, больше железа в крови. Против даров природы ничего не поделаешь. Они так могущественны, что, доставшись случайно посредственности, выдвигают ее часто скорее истинных способностей и даже таланта. В данном случае, посредственные люди действуют почти одинаково. Наметив себе известную цель, они сначала бывают осмотрительны, как кошки, выносливы, как ломовая лошадь, терпеливы, как башмак, готовы подставлять спину под удары. Сила воли, направленная на одну точку, тем не менее, продолжает делать свое дело: она долбит и просверливает, не останавливаясь ни перед какими препятствиями. Пробиваясь постепенно вглубь с тем же упорством, как червь точит дуб, они, чем дальше, тем меньше стесняются в способах действий, - в случае надобности, готовы вырезать бирюльки из костей родной матери. Наконец, дуб просверлен во всю длину, свет показался, - цель достигнута! Постоянная борьба против препятствий, необходимость пролезать сквозь гнилушки, встреча с другими червяками, которых надо было загрызть, чтобы прочистить себе дорогу, - все это, конечно, не прошло им даром, уходило их физически, часто износило до ворса; но, взамен этого, все это настолько же помогло им укрепиться духом, закалило в них настойчивость и усилило жадность, развило смелость и, вместе с нею, непреодолимое желание выместить на плечах других пройденные испытания. Дальнейшие действия зависят уже от личного характера. Одни, вооружившись внезапно дерзостью и нахальством, плотно врезывают свои каблуки на ступеньках, по мере того, как выше восходят; другие продолжают подвигаться на замшевых подошвах, тщательно скрывая, под видом кротости, преданности и смирения, настоящие свои чувства. У первых самодовольство выражается явно, сияет в глазах и румянит щеки; у вторых оно проявляется едва заметно, в смиренной улыбке, мягких движениях, тихом, вкрадчивом голосе. Последние всегда опаснее; это те самые лица, о которых говорят обыкновенно: "не клади пальца в рот - откусит!"

II

Так как представился теперь удобный случай, не лишним было бы короче познакомить читателя с г. Воскресенским.

Он был из духовного звания. Благодаря сердобольной помещице того села, где жил его отец, он миновал семинарию и поступил в уездное училище. Учился он плохо; его, без сомнения, клали бы на скамью и секли каждую субботу, если б не выручали, с одной стороны, крайне тщедушный вид, но, главным образом, хорошие отметки в благонравии. Этим почти и ограничиваются сведения о его детстве. Неизвестно даже, кончил ли он или нет курс ученья. Несомненно только, что девятнадцати лет он находился в провинции и пробивался своими средствами, переписывая по найму бумаги в канцелярии гражданского губернатора.

Губернатор был стар и брюзглив, детей не было, - супруга его тосковала. Подобно большей части тоскующих жен, губернаторша сначала ездила по монастырям, но вскоре утомилась и предпочла искать удовлетворения на почве благотворительности; последнее, к тому же, выставляло ее на вид независимо от положения мужа, - чего страстно добиваются многие, даже счастливые жены, - и способствовало распространению ею популярности в губернии.

В рвении своем она редко обращала внимание на то, что беспрестанно отымала у мужа полезных деятелей его канцелярии; стоило определить кого-нибудь, - смотришь, он уже бегает по делам губернаторши. "Ты, душенька, опять лишила нас чуть ли не лучшего писца!.. Не помню, как его зовут, но только у него прекрасный почерк и правитель канцелярии весьма им дорожил"... - "А, знаю, - Воскресенский, бледный такой... Найдешь себе другого!.. Он мне очень нужен", - возразила, не стесняясь, губернаторша.

Воскресенский оказался действительно полезным. Не считая хорошего почерка, он отличался примерным усердием н аккуратностью. Куда бы ни шла губернаторша, он всегда был у нее на глазах; когда давались ему поручения, они исполнялись с точностью и быстротою, которые могли бы обратить на него внимание самого Аракчеева. Вскоре открылись еще другие качества. Благодаря ему, губернаторша стала вдруг яснее видеть в делах благотворительности, руководимых ею: она узнала, где кроются злоупотребления, проведала о том, кто более или менее надежен, кого следовало удалить, кого оставить пока под присмотром. Воскресенский никогда, собственно, не наговаривал; смиренно держась в стороне, он ждал всегда настоятельных вопросов, видимо стеснялся тем, что должен был высказать; чаще всего он сожалел, старался даже оправдывать; в конце концов выходило так, однако ж, что лицо, о котором говорилось, всегда было кругом виновато. Он не замедлил выказать такую же деятельность при исполнении личных поручений по дому губернаторши и ей хозяйству: покупал, заказывал, чинил, подкрашивал и подклеивал, - словом, горазд был на все руки. Последнее невольно приблизило его к губернатору. Желая вознаградить чем-нибудь усердие молодого человека, он дал ему одно из тех мест, которое, обеспечивая его в материальном отношении, не мешало ему, вместе с тем, заниматься жениными поручениями.

Мало-помалу Воскресенский, - которого больше звали теперь Иваном Иванычем, - сделался у губернатора чем-то в роде "домашнего человека". Способ этот переходить к частным поручениям начальника и здесь преимущественно выказывать преданность и усердие, сделался для Воскресенского правилом всей его жизни. Он с первых шагов понял, что такии способом всего успешнее проходят в люди. Откуда взялось вдруг тщеславие у бедного провинциального писаря? Где заразился он желанием выскочить из скромного своего положения? Отвечать на это так же трудно, как указать вообще на источник человеческих свойств и способностей; факт тот, что чем больше они прирождены у человека, тем всегда надежнее их развитие и, впоследствии, упорнее их действие.

"Дорогой друг, - неоднократно писала губернаторша брату, занимавшему в Петербурге важный административный пост, - мы только и слышим от вас жалобы: людей нет! Une vraie dissette!.. Охотно верим. В Петербурге их точно труднее найти; всему виною, конечно, испорченность нравов; но люди есть! Их только надо искать в глуши, в нашей доброй провинции, сохранившей пока еще - Dieu merci! - свои чистые патриархальные предания. Мы уже не раз писали тебе, что на этот счет не можем жаловаться; между прочим, мы нашли истинно драгоценного человека, - une perle! Способности, усердие, честность, преданность - rien n'y manque!"

Бывая в Петербурге, губернаторша расхваливала всякий раз своего protege с таким увлечением, что брат полюбопытствовал, наконец, взглянуть на "сокровище". Особенного желания у него не было; оно вырвалось вскользь, мимоходом, скорее чтобы сделать удовольствие сестре. Но этого уже было достаточно. Месяц спустя, Воскресенский явился в Петербург к сановнику с письмом от сестры и зятя.

Сановник был несколько озадачен неожиданным появлением "сокровища". Он совершенно забыл о его существовании и в первое время решительно не знал, что с ним делать и куда его деть.

На каждое открывшееся место были десятки кандидатов, не считая тех, о ком настоятельно просили лица, которые отказать не только было трудно, но самому не было расчета. В Петербурге оставалось тогда одно свободное место: Исаакиевская площадь, но и ту уже думали занять садом. В желании скорее угодить сестре, сановник поспешил отрекомендовать "сокровище" одной знатной даме, игравшей в Петербурге ту же роль по части благотворительности, какою сестра его забавлялась в провинции.

Ивану Иванычу на роду, видно, было написано испытывать покровительство прекрасного пола. Он сам, впрочем, охотнее склонялся в эту сторону; здесь почва была мягче и легче было ее обрабатывать.

Он и здесь точно так же успел вскоре показать себя и сделаться необходимым. Подходы были все те же: смирение и преданность; к ним присоединилась еще практичность, бывшая у него в зародыше; но Петербург ее спрыснул и она развилась с замечательной быстротою.

До появления Воскресенского, приюты, дешевые столовые, благотворительные лотереи, богадельни и комитеты, находившиеся под покровительством знатной дамы, шли из рук вон плохо. Горе заключалось не в недостатке деятелей: их было сколько угодно; все дамы, имевшие повод быть недовольными мужьями, осиротевшие вдовы, застарелые тоскующие девицы, все наперерыв стремились помогать общеполезному и благотворительному делу; к ним примыкал целый легион живой, восприимчивой молодежи: но, сколько мог заметить Иван Иваныч, женский пол больше суетился и путал, молодые люди больше искали

9

случая зацепить крестик или украситься камер-юнкерским мундиром. "C'est desperant!!" - повторяла знатная дама, признаваясь, что начинает уже, наконец, падать духом.

Дух этот восстановил Воскресенский, указав ей, смиренно и без шуму, на злоупотребления и способы их исправить. Без малейшего намека с его стороны, но по самому ходу дела и для выгоды последнего, знатная дама нашла необходимым сделать, как говорится, положение своему помощнику, то есть определила его на службу и выхлопотала ему теплое место. Она не ошиблась в расчете. Желая доказать свою признательность, Воскресенский явился к ней с проектом о дозволении носить красные панталоны лицам купеческого звания в обмен за пособия (в проекте сказано было: посильные пособия) в пользу общества, имевшего целью распространение нравственных правил в низменных классах петербургского населения и преимущественно между ломовыми извозчиками.

Проект не был приведен в исполнение. Он давал действительно такие выгоды и преимущества, которые легко могли подорвать существование множества других благотворительных и общеполезных учреждений. Председательницы самых враждебных лагерей, на этот раз, соединились и единодушно восстали. Каждая, тем не менее, как только прошла буря, поспешила сблизиться с составителем знаменитого проекта. Он сделался вскоре между дамами предметом зависти; каждая старалась притянуть его на свою сторону. Угождая всем, по мере возможности, он, в то же время, старался быть полезным на службе. Чины и кресты шли своим чередом; он добивался того и другого, но служба собственно не составляла прямой его цели: она была только средством для приобретения известного положения; последнее было необходимо, потому что давало возможность существеннее приносить пользу влиятельным благотворительницам, которые, в свою очередь, существеннее помогали делать карьеру. В дамских кружках популярность Ивана Иваныча росла с каждым годом. Никакое новое общество, - если только оно возникало под знаменем милосердия, пользы и добра ближнему, - не могло обойтись без Воскресенского; участие его служило гарантией процветанию. Многие общества возникли потому только, что основная мысль, проект и, наконец, самый устав принадлежали Ивану Иванычу.

Всем было, например, очень хорошо известно, что баронессе Бук, трудившейся специально над устройством карьеры бесчисленных ее родственников и занимавшейся благотворительностью только для удобства светских сношений, никогда не удалось бы устроить общество для снабжения дешевыми игрушками детей болгарских семейств, лишившихся родителей во время последней войны, если б такой мысли не внушил ей Иван Иваныч и не нашел денег для приведения ее в исполнение. Никогда княгине Зинзивеевой не устроить бы комиссии для предварительных мер против распространения золотухи и родимчика между детьми бедного сельского населения, если б не придумал этого Воскресенский и также не нашел для этого денег.

Деньги доставлялись жертвователями; но жертвователей доставлял Иван Иваныч, и, в этом отношении, ему уже положительно цены не было. Всем известно, с какой трудностью достаются деньги; легче, кажется, взять пучок пуху и перекинуть его через большую реку, чем заставить кого-нибудь добровольно вынуть бумажник и - здорово живешь - предложить крупный куш. В этом Иван Иваныч не встречал, по-видимому, большого затруднения. Жертвователи как бы сами собою к нему напрашивались.

Нельзя сказать, чтобы он обладал выдающимся красноречием. Когда он говорил в комитетах, половины его речи обыкновенно не было слышно; другая половина не представляла ничего особенно цицероновского; чаще всего было смертельно скучно. Когда же он говорил с кем-нибудь из нужных ему людей с глазу на глаз, выходили совсем другие результаты; он точно владел тогда чарующей силой убедительности. По мере того, как он подвигался на служебном поприще и, с другой стороны, росло его влияние в дамских комитетах и на поприще благотворительности, число жертвователей заметно возрастало. К нему постепенно стали являться купцы всех разрядов, промышленники, деятели всякого рода, даже банкиры, - словом, все те, кто, не довольствуясь иметь деньги, искал еще чего-нибудь из благ земных.

Здесь, кстати, надо заметить, что Иван Иваныч сам по себе был бескорыстен. Руководителем его сближений с богатыми людьми, бесцеремонным обиранием у них денег, служила только тщеславная цель возвышения и проникновения путем благотворительности, общественной пользы, добрых намерений, любви к человечеству. У него, как у всякого истинного мастера, вскоре, образовались ученики; из них возникла целая школа новых деятелей, нередко злоупотреблявших своим положением. Сам же Иван Иваныч оставался с этой стороны безупречным. Он довольствовался своим жалованьем и жил весьма скромно. Но самое это бескорыстие незаметно помогало ему приближаться к намеченной цели; оно трогало женские сердца, увеличивало число поклонников и всем им служило оружием для защиты Ивана Иваныча против врагов и завистников.

Начальство Воскресенского посматривало иногда недоброжелательно на его успехи.

- Воля ваша, Воскресенский слишком уже, кажется, злоупотребляет вашей снисходительностью! говорили начальнику, - день-деньской трется между юбками и не выходит из дамских благотворительных заседаний и комитетов...

- Что ж делать?

- Как что? Нельзя же, в самом деле, служить и, в то же время, заниматься десятками дел, не имеющих никакого отношения к служебным обязанностям: положим, ему там выгоднее; его гложет тщеславие, он ищет популярности и находит ее... но это не резон. Вопрос так ставится: "Любишь, душенька, получать жалованье и казенную квартиру?" - "Люблю!" - "В таком случае одно из двух: выбирай службу или благотворительность!.."

- Но он мне нужен, возражал начальник.

- В чем же?

- Находчив! ворчливо заключал начальник, вертясь на своем кресле и как бы желая от него оторваться, но не имея на это силы.

И он был прав. В критические моменты не раз выручала его находчивость Воскресенского. В целом министерстве не было человека, более способного отыскать с такою быстротою какую угодно справку, сочинить за один присест докладную записку о чем угодно и кому угодно, и, наконец, если б вздумалось кому-нибудь существенно придраться к Ивану Иванычу и пожелать сдвинуть его с места, теперь не так уже легко было это сделать.

С одной стороны, пришлось бы поднять на ноги чуть ли не половину женского населения столицы, с другой - пришлось бы воевать с графиней Можайской, которая, сама по себе, опаснее была всех остальных. С некоторых пор она явно покровительствовала Ивану Иванычу. Покровительство выразилось тем, что Воскресенский вскоре оставил занимаемое им место и нашел другое, более видное, под начальством брата графини.

Он был представлен графине в начале своей благотворительной деятельности, вскоре после шума, наделанного проектом о красных панталонах. Графиня остановила на нем проницательные глаза и сказала: "Прекрасно; смотрите, только не пересаливайте!"... Слова эти врезались ему в память; он, в самом деле, стал с тех пор осторожнее. Ближайшему знакомству помогли, - как было в его молодости при губернаторше, - услуги, доказавшие графине его преданность.

Графиня осталась в девушках и пережила свою шестидесятилетнюю весну. В женском персонале знатного общества не было существа более своеобразного; избегая лиц своего пола, она исключительно почти вращалась в кругу мужчин, выбирая тех, кто был умнее и сильнее. Не стесняясь никаким положением, она каждому резко и смело высказывала в глаза всю правду; ее слушали, потому что каждый за себя опасался. К резкости ума присоединялась проницательность, часто приносившая

12

пользу тому, кто умел ей понравиться. Крайне деспотическая и тщеславная, она, в то же время, презирала интригу, и, в общей сложности, в ней было больше склонности к добру, чем могло казаться с первого взгляда. Но добро, которое она могла делать с ее состоянием, мало-помалу стало ограничиваться советами и пожеланиями; с летами в ней развилась скупость и страсть к деньгам. Слыша неоднократно от баронессы Бук, насколько Воскресенский распространен был в кругу денежных людей и сам был сведущ в финансовых операциях, графиня пожелала короче с ним познакомиться. Две-три удачные покупки и перепродажи ценных бумаг приобрели ему ее расположение. Со свойственной ему осторожностью, он, надо заметить, никогда лично не действовал; он обращался к тем, кто был надежнее и ловчее, шептал только на ухо, для кого предстояло действовать, и дело всегда увенчивалось успехом. Так постепенно вошел он в доверие графини и под конец сделался ее советчиком.

Случай окончательно помог ему в этом.

Графиня уезжала за границу заказывать приданое для племянницы. Накануне отъезда она пригласила Ивана Иваныча.

- У меня к вам просьба...

- Приказывайте, ваше сиятельство, наклоняя голову и смиренно опуская глаза, проговорил Иван Иваныч.

- Вы знаете, я завтра уезжаю; у меня накопилось двадцать восемь тысяч; я не хотела бы брать их с собою: опасно и, притом, если возьму, непременно истрачу... Мы, женщины, только это и умеем делать...

"Знаю, голубушка, как ты это умеешь; меня еще, пожалуй, научишь"... подумал Воскресенский, продолжая сохранять почтительную позу.

- Прошу вас, Иван Иваныч, возьмите от меня эти деньги и сберегите их до моего возвращения... или сделайте из них что-нибудь...

- До глубины души тронут доверием вашего сиятельства, но не скрою от вас; вы изволите возлагать на меня трудную обязанность... Чужие деньги... это... это... И вообще... продолжал Воскресенский, принимая строго озабоченный вид, - вообще денежные дела у нас теперь так шатки, так неверны... биржа в постоянном колебании...

- Все это может быть, только, вы знаете, я не люблю отказов...

- Если вы непременно этого желаете... не смею противиться...

Воскресенский принял пакет, сосчитал деньги и, уложив их в карман, явился на другой день провожать графиню.

Но графиня перед отъездом рассчитала расходные свои деньги до такой степени в обрез, что, спустя две недели, принуждена была написать Воскресенскому о высылке еще трех тысяч. За этим письмом Воскресенский получил другое, с таким же требованием.

Возвратясь в Петербург уже к осени, графиня немедленно попросила к себе Воскресенского.

- Мне совестно смотреть на вас, Иван Иваныч, сказала она, пристально, тем не менее, глазами авгура посматривая на собеседника, казавшегося печальным и расстроенным, - право, совестно... Я, впрочем, говорила вам: мы, женщины, умеем только мотать... И уж этот Париж! Это просто ужасно!..

- Да, графиня, да... это ужасно, произнес Иван Иваныч с выражением сосредоточенной грусти.

- Не тяните, пожалуйста, говорите прямо: что вы сделали?

- Немного, графиня... я едва...

- Я это предчувствовала! перебила графиня, сдвигая брови.

- Я имел честь докладывать вам перед отъездом о том, как вообще шатки наши денежные дела, как мало можно теперь полагаться на биржу...

- Ах, как тянет, как тянет! воскликнула графиня, судорожно перебирая сухими пальцами. - Ну!..

Воскресенский поднял глаза, едва приметно улыбнулся и произнес, подавая пакет:

- Здесь все, что удалось мне сохранить и сделать из ваших денег...

В пакете оказалось тридцать одна тысяча.

С этого дня к Воскресенскому перешло управление по всем делам не только графини, но и графа.

Последнее было легче, так как граф, в противоположность сестре, меньше жил на земле, чем витал на высотах, куда занесли его отчасти особенные обстоятельства, отчасти куда он сам себя вознес, искренно веруя в величие своего призвания. Чем очевиднее доказывала служебная карьера, что граф, получив в наследство от матери ее доброе сердце и мягкий нрав, не наследовал, вместе с тем, от отца его блестящих способностей, тем упорнее было его стремление к разрешению высших вопросов, клонившихся ко благу отечества и преуспеянию его сил извне и во внутреннем строе.

Не проходило года без того, чтоб граф не подавал какого-нибудь проекта, имевшего ближайшею целью спасти ту или другую часть государства. Но потому ли, что в проектах приводились по большей части идеальные мысли, не отвечавшие сухим условиям практического века, потому ли, что в самом способе изложения мыслей заключалось меньше ясности, чем красоты слога, проекты графа оставались без всякого применения и всегда складывались в архив.

Ошибочно было бы думать, что лица, пользующиеся высоким почетом в свете, пользуются тем же почетом в кругу служебных деятелей;

им здесь точно так же кланяются и выказывают знаки внимания, но только до той минуты, пока они не начнут излагать своих соображений; как только дело доходить до соображений, почтительное выражение на лицах мгновенно сменяется тоскою и унынием, взгляд слушателя становится рассеянным и начинает как бы искать чего-то на стороне; на губах появляется та же снисходительная улыбка, с какою прислушиваются обыкновенно к невинному детскому лепету, Словом, положение здесь совсем не то, что в свете.

Странно было то также, что умственный взор графа, задумчиво всегда устремлявшийся к дальнейшим горизонтам, приводил его чаще всего к самым мелочным вопросам жизни. Ум у него был изобретательный, но свойства ума приводили к изобретениям, которые начинались всегда как-то с хвоста, доходили до туловища и никогда не кончались головою; они никогда не стояли плотно на ногах, но больше ходили на руках, а ноги были кверху; в основе преобладала всегда добрая мысль, но ее всегда портил оттенок чего-то недоделанного и детского. Вдруг неожиданно возникла мысль: - облегчить тяжесть ломовых лошадей или содействовать к уничтожению тараканов и клопов в избах бедных поселян. Он сам очень хорошо сознавал, что все это была мелочь; но серьезные его предложения не встречали сочувствия и не принимались; ум, между тем, постоянно возбуждавшийся желанием добра и пользы отечеству, настоятельно требовал деятельности.

В этот самый период разочарования, Воскресенский особенно пришелся по вкусу графа. Не прошло года, граф сидел в благотворительности, как птица сидит в клетке. Он нашел в ней утешения, которых тщетно искал в государственной службе; она открыла перед ним новые горизонты, давала новую пищу не только голове, но и сердцу. В тот же год основано было несколько новых комиссий для различного рода содействий и развития. Покровительство графа вскоре распространилось и на другие общеполезные благотворительные учреждения, школы, училища, богадельни. Дамы покровительницы и председательницы, подстрекаемые Иваном Ивановичем, всюду встречали графа с распростертыми объятиями. Портрет его, изданный по подписке между служащими, которым Воскресенский шепнул на ухо, не замедлил украсить на видном месте стены множества заведений. Граф был, наконец, оценен и, главное, понят. В усердии своем он, прежде всего, обратил зоркий взор на экономов; им в первое время житья не стало. Граф неожиданно налетал во время обеда, и Боже сохрани, если сиротская каша отзывалась тухлым! "Вон, сейчас вон! Вон без рассуждений!" Взамен этого он не знал, как обласкать и куда посадить великодушных людей, являвшихся к нему с пожертвованиями на общественную пользу. Он награждал их широкою рукой, охотно, всегда удовлетворяя их просьбам, которые подносились обыкновенно Воскресенским при докладе.

Увлечение графа в пользу благотворительности не приносило малейшего вреда административной машине, находившейся под его управлением. Дела шли своим чередом. Машина, заведенная его предшественником, продолжала неустанно работать, выпуская ежедневно сотни нумеров бумаги, исписанной самым отборным почерком. С этой стороны граф был совершенно покоен. Его несравненно больше озабочивал новый проект. Инициатива проекта принадлежала Ивану Ивановичу, но обработка деталей всецело принадлежала графу. Уже само название: "О всеобщем, всестороннем распространении благотворительности в Российском государстве", достаточно указывало на важность проекта.

Суть его заключалась в устройстве обширного центрального образцового учреждения, управлению которого должны были подчиниться все общеполезные и благотворительные общества не только обеих столиц, но самых отдаленных углов провинции. Центром учреждения был образцовый приют для взрослых и малолетних неимущего населения. Вокруг группировались три разряда школ и мастерских по степеням возраста, музеум для образования изящного вкуса, склад и магазины для сбыта предметов производства, но с тем, чтобы выручаемые деньги шли частью на покрытие расходов, частью служили основанием эмеритальной кассы для тех из воспитанников, которые выкажут особое благонравие. В нижнем этаже помещались службы, кухня, столовая и склад для белья и одежды; один из флигелей второго этажа на солнечной стороне предназначался для приема грудных детей и кормилиц, другой для классных комнат и спален мужского детского отделения. Средний двор предполагалось покрыть стеклянным куполом для защиты детей и их воспитателей от дурной погоды во всякое время года. Здесь устраивался детский сад, имевший двоякую цель: в середине помещались все новейшие приспособления, игры, гимнастика, содействующие физическому развитию; по стенам развешивались картины и печатные правила такого содержания, которое непосредственно должно было улучшать нравственные чувства питомцев. Угол здания оканчивался церковью и помещением для причта; противоположный угол отдавался канцелярии; рядом была зала совета. Отсюда уже "живительными благотворительными лучами", - так сказано было в проекте, - должны были расходиться во все стороны распоряжения и предписания, которыми предполагалось руководить действиями всех остальных благотворительных обществ империи.

Расход по исполнению проекта отвечал величавости его размеров. Но деньги стали являться как бы волшебству. Особенно великодушно выказали себя в настоящем случае купцы хлебородных губерний, сибиряки и евреи. Между последними нашлись такие, которые не удовольствовались единовременным вкладом, но обязались еще поддерживать новое учреждение ежегодными взносами. Один купец, обращавшийся письменно к Ивану Ивановичу по какому-то делу, сразу пожертвовал пятьдесят тысяч.

Иван Иванович, знавший по опыту, что всякое чувство, - не включая великодушия, - требует для своего проявления известной степени возбуждения, исподволь подготовлял для таких случаев особых специалистов. В числе их, как самый способный, считался некто Блинов, человек, мелкого купеческого состояния, но с юности одержимый страстью к вицмундирной форме, чинам и знакам отличия. Поощряя Блинова, выводя его в люди, Иван Иванович не столько вознаграждал его заслуги, сколько воодушевлялся желанием выставить Блинова, как живой пример того, куда может привести истинное усердие человека простого знания. Появление Блинова в кругу купечества производило магическое действие. Стоило ему, по методе Ивана Ивановича, отвести в сторону любого, шепнуть несколько слов, смотришь: там, где ничем в мире нельзя было выманить алтына, тысячи вылетали, как стая испуганных воробьев. Искусство Блинова часто приводило к тому, что купец пожертвует, да еще в придачу задаст за свой счет роскошный завтрак или обед при открытии учреждения, или соберет подписку для поднесения ему же, Блинову, ценного подарка или жетона с его шифром, выведенным брильянтами. Раз даже жертвователями предложена была стипендия имени Блинова. Словом, денег нашлось в достаточном количестве. Город, - великодушный, как всегда, когда умеют подойти к нему близко, начав издалека, на что Иван Иваныч был такой мастер, - пожертвовал с своей стороны землю на Выборгской.

Затем образовались два совета: один - строительный, другой - наблюдательно-административный, уже под председательством графа.

В скором времени последовала закладка, сопровождавшаяся, как водится, завтраком, на котором сказано было несколько коротких, но глубоко-прочувствованных речей.

Благодаря неусыпной деятельности Ивана Иваныча, которому, во всем этом, как сам он говорил, ничего не нужно было, "кроме того, чтобы удостоиться быть выбранным в церковные старосты", здание через год стояло уже под крышей. Спустя еще год, оно было совершенно готово. Оставалось только покончить с украшениями церкви; они, главным образом, и задерживали открытие. Но в этом нельзя было винить Воскресенского. Вина всецело падала на архитектора, человека прекрасного во всех отношениях, но, к сожалению, старого и, притом, задавшегося несчастной мыслью выстроить церковь в греко-византийском стиле, требовавшем весьма кропотливой детальной раскраски.

Переговорить об этом обстоятельстве имелось, между прочим, в виду у Ивана Иваныча, когда он утром ехал к графу с докладом.

III

- Ваше превосходительство, его сиятельство просят вас пожаловать в уборную! почтительно проговорил камердинер, отворяя обе половинки двери в кабинет графа.

Воскресенский взял без торопливости со стола портфель и сигарный ящик и направился через кабинет к маленькой лакированной двери; она провела его в просторную комнату, обитую ситцем, на образец палатки; мягкий синий ковер покрывал пол; свет в нижней части окон смягчался голубою тафтою; большие складные ширмы, обитые тем же ситцем, как стены и потолок, заслоняли кровать и туалетные принадлежности, распускавшие запах одеколона.

В больших стеганых креслах, перед столом с знакомым чайным прибором, сидел граф. Ему было шестьдесят лет, но он прекрасно еще сохранился; статный, свежий, в высшей степени представительный, он в молодости осуществлял тип красавца-мужчины. Лучшим украшением его круглого, гладко выбритого лица была, однако же, бесспорно, его добрая, сияющая улыбка; она справедливо заслужила ему прозвище именинника. Граф не мог только сохранить волос; они заменялись черным париком, приправленным на старый фасон с завитками у висков и хохликом на маковке. Граф был в белом галстуке, едва отделявшемся на его белой полной шее, и в длинном до пят коричневом сюртуке, представлявшем нечто среднее между пальто и халатом.

- Здравствуйте, Иван Иванович! Какая сегодня погода?

В прежнее время Иван Иваныч непременно бы ответил: "Какая будет угодна вашему сиятельству", но теперь сказал только, что погода прекрасная.

- Садитесь, проговорил граф, пожимая кончик руки Воскресенского двумя потными белыми пальцами с короткими квадратными ногтями.

При всем доверии и уважении к вошедшему, граф никогда не мог преодолеть себя и жать полною ладонью руку Воскресенского; влажная и

18

холодная во всякое время, она действительно делала такое впечатление, как будто в ладонь вскакивала лягушка.

- Что это у вас? спросил граф, указывая глазами на сигарный ящик.

- Дети старшого отделения сиротского приюта просят ваше сиятельство осчастливить их принятием их посильного труда, произнес Воскресенский, улыбаясь невинности детской затеи. - Представить себе нельзя, с каким усердием, с каким увлечением они работали!

- Неужели они сами это сделали? сказал граф, рассматривая ящик.

- Сами, ваше сиятельство; сами составили рисунок, сами резали, сами выпиливали шарньеры, сами делали замок...

- Искусно! проговорил граф, - даже стиль есть...

- Самая затея, самая мысль преподнести их труд вашему сиятельству принадлежит им...

- Ну, уж признайтесь, мысль вы подали,..

- Могу уверить вас...

- Не отказывайтесь, знаю, что вы!..

Несмотря на мягкость нрава, граф, надо заметить, был сильно упрям, - свойство, которому он присвоил значение твердости характера, - в чем не отличался, впрочем, от множества смертных, обманывающих себя точно так же, принимая синицу за ястреба.

Увидев толстый портфель в руках Воскресенского, граф произнес с испуганным видом: "уф!" - и погрузился в глубину кресла. Иван Иваныч поспешил его успокоить, сказав, что так как сегодня приемный день, он ни за что бы не решился обременять графа особенно трудным докладом; он умышленно явился рано, с тем, чтобы облегчить графу, насколько возможно, хлопотливое утро. Ему необходимо было, однако же, воспользоваться свободным временем, чтобы поговорить насчет постройки образцового центрального приюта.

- Да, да. Ну, что, как там у нас идет? Двигается ли, наконец? спросил граф, снова оживляясь и озабоченно надвигая брови.

- Все идет прекрасно, ваше сиятельство, одно задерживает: церковь! Зиновьев вполне прекрасный человек... даже с талантом... Одна беда с ним: крайне копотлив! Затеял тогда этот византийский стиль...

- Не говорите; стиль этот прекрасен для православного храма!

- Чего же лучше, ваше сиятельство! воскликнул Иван Иваныч, - только с ним соединяется множество украшений. Позолота и раскраска требуют много времени... К тому же, прибавил он вкрадчиво, - надо взять в расчет лета Зиновьева...

- Лета не мешают делу, перебил граф. - Скажите ему, чтоб он ко мне явился.

- Я уже предупредил его; он сегодня будет у нашего сиятельства.

19

- Надо, однако же, почтеннейший Иван Иванович... надо об этом серьезно подумать... Так невозможно!...

- Очень затруднительно, ваше сиятельство, - сказал Воскресенский, делая безнадежный жест.

- Затруднений не должно быть в таком важном деле! оживляясь, заговорил граф. - Я очень ценю Зиновьева; жаль было бы его лишиться: почтенный человек! Много трудился, много работал! Надо будет как-нибудь его урезонить, уговорить... Можно будет, наконец, дать ему помощников... Это лучше всего!... Есть ли у вас кто-нибудь на примете, Иван Иваныч?

При таком вопросе Воскресенский только улыбнулся.

- Стоить только пожелать вашему сиятельству... - проговорил он с видом покорности.

Граф покачал головою.

- У вас есть еще что-нибудь? - спросил он, как только Иван Иваныч снова взялся за портфель.

- Да; я хотел представить вам небольшую докладную записку насчет молодого графа...

- Ах, да, ну что, как он теперь? Занимается ли у вас сколько-нибудь?

Дело шло о единственном сыне графа, девятнадцатилетнем юноше, посланном отцу в наказание за неведомые прегрешения.

Со дня его рождения, причинившего кончину матери, до десятилетнего возраста, ребенок беспокоил отца нескончаемыми болезнями, несмотря на тщательный уход швейцарских и английских бонн и нянюшек. С десятилетнего возраста, когда пришлось отдать графчика в мужские руки, гувернеры не переставали надоедать графу сообщениями о том, что сын его имеет положительное отвращение к занятиям; виною всему, но их мнению, было болезненное детство, остановившее нормальное развитие умственных способностей. Приискан был немец, патентованный педагог. Мальчику минул тогда пятнадцатый год, и он начал как будто подавать надежды. Раз как-то, проспав позже обыкновенного, педагог нигде не мог найти своего воспитанника. Он был осторожен и не поднял тревоги; испуг его превратился в негодование, когда воспитанник, возвратясь уже к обеду, спокойно объявил, что воспользовался его сном, чтобы съездить на скачки вместе с двоюродными братьями. Графчик прибавил, что если педагог пожалуется отцу, песня его будет спета - ему откажут; если же он согласится дать ему полную свободу действий, молодой человек обещал показать такие чудеса прилежания, после которых для отца и тетки сделается обязательным устроить карьеру педагога. Наставник вспыхнул и на другой же день отказался от должности.

Граф-отец, поглощенный своими проектами, принужденный проводить дни в комитетах, комиссиях и совещаниях, положительно не имел времени заниматься сыном. Ему не раз случалось подниматься в спальню молодого графа и крестить ряд подушек, прикрытых одеялом, в то время, как тот, который должен был лежать в постели, находился за тридевять земель от своего ложа. Граф-отец очнулся настоящим образом тогда только, когда пришлось платить за сына первый долг. Следуя совету сестры, он определил его в службу; но и здесь опять ничего не вышло. Графчик успел уже попасть в тот заколдованный круг золотой молодежи, география которого известна: к северу ресторан Дюссо; к югу ресторан Бореля; к западу Большой театр и балет; к востоку загородный ресторан Дорога с кокотками и цыганками. Служба была здесь другого рода, также, по-видимому, не легкая. Доказательством могла служить заблаговременно истощенная фигурка графчика; когда он стоял на ногах, казалось всегда, что он держится только на одних панталонах; особенно поражало лицо его, состоявшее из мелких незаметных черт, покрытых зеленоватой бледностью и морщинками, как у ребенка, одержимого собачьей старостью. Лицо это окончательно принимало жалкий вид, когда графчик входил здороваться с тетушкой, встречавшей его всегда одним и тем же вопросом: "Здоровы ли твои кокотки?" Слова эти повергали всегда юношу в крайнее смущение.

Решительно уже не зная, что делать с сыном, граф-отец решился переговорить с Воскресенским, как человеком вполне преданным, верным и притом практическим. Иван Иваныч предложил перенести молодого человека на службу в другой департамент и под личное его наблюдение. Он ни в чем не ручался, но обещал приложить старание и надеялся.

Вот об этом-то молодом человеке пришлось теперь вести речь.

- Признаюсь, всякий раз, как дело касается моего сына, я могу вам откровенно сказать: мною невольно овладевает беспокойство, - произнес граф.

- Молод еще, ваше сиятельство, молод! В этом вся беда, смею вас уверить. Молодому человеку, прежде всего, следует дать занятие, которое было бы ему сочувственно.

- Я сам так думал. Вы прекрасно это сказали, Иван Иваныч; именно: сочувственно!

- Я придумал назначение для молодого графа...

- Ба! - радостно воскликнул граф.

- Если вам угодно будет выслушать эту докладную записку...

- Очень рад, мой милый, очень рад.

Граф скрестил свои белые пальцы и уложил руки на грудь.

Иван Иваныч кашлянул в свою мокрую ладонь и прочел

внушительным голосом: "С присоединением кавказских областей к общему строю Российского государства, ежедневно открываются в этом крае новые неисчислимые природные богатства. В числе таковых нельзя упускать из вида обширных лесов пробкового дерева, драгоценного особенно в том отношении, что оно произрастает в стране виноделия, встречающей главное препятствие для перевоза вина в Россию - в недостатке пробки. Развивая у себя дома эту полезную отрасль и тем способствуя кавказским виноделам сбывать вина во все части государства, достигаются две цели: 1) сокращается крайне убыточный расход местных производителей, вынужденных затрачивать значительные суммы для добывания пробки из-за границы; 2) возможность наложить тогда усиленный тариф на ввоз заграничной пробки и тем усилить государственные доходы. Посему полезно было бы, для начала, командировать доверенное лицо, хотя бы на юг Франции, специально с целью изучения на месте пробочного производства и, по доставлении им необходимых о том сведений, командировать его, снабдив надлежащими инструкциями, на Кавказ, для водворения уже в этой части России новой, столь полезной отрасли..."

- И вы думаете послать сына? - спросил удивленный граф.

- Всенепременно, ваше сиятельство, если только вам угодно будет на это согласиться, прибавил скромно Иван Иваныч.

- И вы полагаете, он будет способен?

- Не сомневаюсь. Молодому графу будут даны всевозможные инструкции и указания. Ручаюсь вам, такая поездка будет ему столько же полезна в нравственном, сколько в умственном отношении; молодой человек освежится, проветрится; она разовьет в нем сознани труда и пользы,,.

- Мысль прекрасная, - рассеянно проговорил граф. - Действительно, куда ни посмотришь, у нас везде непочатый край! Тот грек... как бишь его?., забыл его имя... правду сказал: стоит только у нас плюнуть на землю, чтобы выросла пальма... Что же касается сына, подхватил он, - мне приходит такая мысль: не повредит ли эта поездка, - если только она состоится, - не повредит ли она другому кому-нибудь? Обдумайте это хорошенько: другой, может быть, был бы полезнее...

- Другого мы можем потом послать на Кавказ уже для водворения производства, возразил, всегда находчивый, Иван Иваныч. - Наконец, ваше сиятельство, у меня все это уже обдумано... У меня нет праздных молодых людей: каждый при своем деле.

- Хорошо, мы об этом еще поговорим; надо подумать. Куда же вы, Иван Иваныч? подхватил он, увидя, что собеседник приподымается с места. - Разве у вас есть еще какое-нибудь дело?

22

- Ничего особенного, ваше сиятельство, в настоящую минуту. До приема я хотел только зайти к графине. После сейчас же надо будет отправиться к купцу Галкину; огромное состояние; надо захватить, пока еще не скончался...

- Как так?

- Говорят, умирает; лучшее время для пожертвования; невозможно упустить случая...

Граф не возражал, зная, насколько практичность Ивана Иваныча была плодотворна для целей добра и пользы.

После его ухода он долго еще сидел в кресле и попеременно то задумывался, когда вспоминал о сыне, то снова начинал улыбаться, когда припоминал о новых природных богатствах, открывавшихся на почве отечества.

IV

Иван Иваныч, между тем, направлялся на половину графини. Он на секунду остановился только в приемной, чтобы захватить мозаический рабочий несессер.

Лакей, дежуривший у двери графини, сказал ему, что графиня не одна; к ней только что приехала г-жа Шилохвостова.

Сделав нетерпеливый жест, Иван Иваныч передал несессер лакею, прося сохранить до отъезда гостьи, и велел доложить о себе. Минуту спустя, его просили войти.

Наружность графини невольно останавливала внимание. Лицо ее, смуглое, как у цыганки, освещалось блеском маленьких черных глаз, бросавших искры из-под густых, черных, как смоль, бровей. Ни одной сединки не было в ее волосах, круто зачесанных и прикрытых оренбургской косынкой; длинная, как доска, и такая же почти плоская, как доска, со стороны спины и груди, она держалась прямо, как стрела, готовая тотчас сорваться с тетивы и вылетать. Маленькая ее головка гордо поворачивалась на длинной крученой шее, по которой проходили синеватые вены. Ее смелый, энергический вид не даром внушил беспокойство тем, кто к ней приближался.

Иван Иваныч застал ее сидевшею на диване с вязаньем в руках; спицы судорожно двигались между ее пальцами, такими же сухими, как у отшельника.

Беспорядок на большом столе, перед диваном, свидетельствовал, что здесь точно так же всем управляли нетерпеливые, судорожные движения. Ворохи бумаг с надписью: отчет и доклад, клубки с шерстью, брошюры и книжки духовного содержания, свертки разной величины, просфоры, планы часовен, нумера газеты: Душеспасительный Вестник, Правила нравственности, издаваемые с некоторых пор для народа под руководством Воскресенского, - все это хаотически перепутывалось, оставляя только в середине небольшое место для чернильницы и письменных принадлежностей.

Наискосок, в креслах, сидела дама коротенького вида, но такого объема в ширину, что одна только часть ее тела умещалась на стуле; другая часть поневоле должна была оставаться на отвесе. Госпожа Шилохвостова была в лиловом платье и шляпе такого же цвета, украшенной расплюснутой птицей. Под шляпкой выставлялись крутые калмыцкие щеки, коротенькое острие раздвоенного на конце носа и выше выскакивали два зрачка, в которых подвижность усиливалась каким-то пожирающим выражением. Лицо было сильно набелено, щеки и губы подкрашены, брови подведены, от шеи и ушей сыпалась пудра.

При виде Ивана Иваныча, графиня кивнула головою и указала на стул. Госпожа Шилохвостова ограничилась легким наклонением шляпки.

- Мое почтение-с, холодно проговорил он, умышленно делая ударение на последнем звуке.

Воскресенский основательно не долюбливал г-жу Шилохвостову и справедливо называл ее занозой. Она поминутно становилась ему поперек дороги; одержимая бесом юркости, она просовывала кончик носа всюду, где ее не спрашивали, пролезала во все благотворительные комитеты, сплетничала, интриговала, отбивала жертвователей, вербовала в свой кружок подчиненных мужа, заставляла их ездить к купцам и явно протежировала тем из них, кто чаще доставлял ей случай хвастать собранными ею деньгами в пользу вдов и сирот. Неизвестно, какая мысль руководила госпожой Шилохвостовой, но в последнее время графиня сделалась целью ее ухищрений. Иван Иваныч насторожил внимание; он знал, что к графине не так-то легко было подойти; но, с другой стороны, графиня имела также свои причуды: несмотря на ее ум, она была чувствительна к лести, тщеславна, способна к увлечениям всякого рода. Наблюдая ходы своей соперницы, он не без основания к ней присматривался.

Так, например, зимою графиня подошла как-то к окну и сказала: "Как холодно сегодня, и посмотрите, однако ж, сколько воробьев на улице!" Госпожа Шилохвостова, стоявшая подле, вдруг жадно ухватила руку графини, глаза ее прищурились от накопившихся слез, и тут же, обратясь к присутствующим, она громко и восторженно стала уверять, что графиня

24

сейчас высказала сожаление о бедных беззащитных воробьях, вынужденных искать пищи в такой ужасный холод; она никого не пропускала без того, чтобы не повторить рассказа и всякий раз с новым вариантом. "Скажите, повторяла она, - скажите, чье сердце, кроме ее, может совместить в себе столько добра и милосердия? Ее даже сокрушают бедствия несчастных птичек!" Сутки спустя, по городу ходила уже целая поэма, в которой главными лицами были стаи замерзающих воробьев и графиня, старавшаяся обогреть их на груди своей.

Вскоре после воробьиной истории графиня лишилась сестры; она вышла в глубоком трауре поклониться праху покойницы. Госпожа Шилохвостова, присутствовавшая на церемонии и стоявшая как можно ближе к гробу с заплаканными глазами, не пропускала ни одного движения графини; едва окончилась служба, она поспешила передать свои впечатления. "Я стояла против графини, повествовала она, прикладывая платок к глазам, - одно глубокое религиозное чувство может так поддерживать дух и энергию!.. Она подошла к гробу: на лице ни одной слезинки, ни одного движения! Вся она была там! там!.." и вдруг, как бы передумав, тут же прибавила, обратясь к двоюродной сестре графини: "Я стояла подле, она подошла... Я в жизни не видала ничего подобного: вся она была одна слеза, одно рыдание!.."

Все эти рассказы доходили, разными путями, куда следует, возбуждая, с одной стороны, смех, но, с другой стороны, вселяя некоторое беспокойство в душу Ивана Иваныча.

В настоящее утро госпожа Шилохвостова явилась с новой выдумкой: рисунком для ковра, который, как уверяла она, страстно рвался вышить приют молодых арестанток; движимые единодушным трогательным чувством признательности к графине, они желали покрыть этим ковром пол часовни, где была погребена ее сестрица. Г-жа Шилохвостова явилась уже четвертый раз с тем же предметом; в первый раз требовалось узнать, нравится ли вообще рисунок ковра в целом и деталях; во второй раз надо было осведомиться, какой цвет лучше подходит к фону главной средней розассе; в третий - узнать, что поместить в розассе: герб графов Можайских, или же ограничиться только вензелем. Показывая рисунок в четвертый раз, г-жа Шилохвостова желала окончательно выяснить и утвердить цвет бордюра: сделать ли его синим, - преобладающим цветом в гербе, - или же оставить черным, как прежде предполагалось.

- Иван Иваныч вошел весьма кстати, сказала графиня, - он скажет нам свое мнение.

- К сожалению, я не сведущ в делах такого рода, скромно возразил Воскресенский.

- Ну, так остановитесь окончательно на синем борте, продолжала графиня, - черный борт уж что-то слишком мрачен. Смерть призывает нас к другой, лучшей жизни; не знаю, откуда взяли окружать ее трауром... И так, до свидания, chére Анна Матвеевна, завершила она неожиданно и протянула собеседнице руку.

Госпожа Шилохвостова страстно обхватила протянутые к ней пальцы обеими ладонями и поднялась с места, причем кресло крякнуло, как бы радуясь освобождению от удручающего давления. Кивнув головою Ивану Иванычу, она прошла три шага, снова повернулась лицом к графине, произвела новый расплывчатый реверанс и вышла.

Иван Иваныч надеялся, что ему скажут: "фу, какая несносная! Как надоела!" - но надежды его не оправдались. Обратясь к нему, графиня спросила только:

- Ничего решительно, ваше сиятельство, ответил тоном сожаления Иван Иваныч, - застой совершенный; я был сейчас у графа и явился к вам единственно с тем, чтобы осведомиться о вашем здоровье... Позволил себе также принести вам маленькую безделицу.

- Что такое?

- Старшее отделение сиротского приюта просить вас осчастливить его принятием знака усердия и высокой признательности... Дети сложились, - даже трогательно было видеть их единодушие! - и сделали вам баульчик для укладки шерсти.

- Где же он? Это очень интересно...

Иван Иваныч бросился к двери и, минуту спустя, поднес ящик, деликатно поддерживая его обеими ладонями.

- Очень вило, сказала она, - очень благодарна! Эти дети меня решительно балуют; надо мне также побаловать их чем-нибудь. Я пошлю им конфет.

- Бога ради, ваше сиятельство, не посылайте! оживленно заговорил Воскресенский. - Простите мне великодушно, но этого ни под каким видом не надо делать; последствия были бы самые вредные. Все старания мои направлены к тому именно, чтобы держать детей в обстановке той среды, из которой они вышли; единственною их роскошью должны быть религиозное и нравственное питание; конфеты - произведение роскоши; они ее напоминают; они разовьют в детях желания и вкусы, несоответствующие их положению...

- Опасность, мне кажется, преувеличена... Но, с известной точки зрения, вы, может быть, правы! Детям людей низших классов, действительно, опасно развивать вкусы; мы видим, к сожалению, к чему приводить нас баловство в низменных слоях общества!.. Мне, все-таки, хотелось бы чем-нибудь поблагодарить детей за их подарок.

- Я велю раздать им книжечки наших правил о благонравии; уверяю вас, они будут очень довольны.

- Нет, книжечки эти уж много раз им давали...

- Действительно... Тогда, если позволите, я прикажу раздать им булочек...

- Прекрасно, сказала графиня. - Смотрите только, чтобы всем досталось; никто бы обделен не был.

- Сам буду наблюдать, ваше сиятельство; каждому будет по булочке.

- Благодарю вас; вы добрый и хороший человек, Иван Иваныч!

При этих словах, высказанных в первый раз с таким убеждением, Воскресенский приподнялся с места, устремил на собеседницу беловатые зрачки, стараясь придать им растроганный вид, и произнес колеблющимся голосом:

- Мне... мне надо благодарить вас... Вся цель моя заслужить благорасположение ваше! Мне, собственно, как вам хорошо известно, ничего не надо... Я ничего не ищу; задача моей жизни - делать добро по мере сил моих и приносить пользу...

- Знаю, знаю... начала было графиня, но взглянула украдкой на часы, бросила на стол вязанье и прибавила, неспешно вставая с дивана, - я с вами заговорилась!.. Мне надо еще переодеться и поспеть на станцию петергофской дороги... Прощайте! Надеюсь, до скорого свидания!..

Склонив голову и опустив глаза к голу, Воскресенский сохранил такое положение до той минуты, пока графиня не вышла из комнаты.

V

Приемная, между тем, начинала проявлять некоторое оживление. Дверь графского кабинета была еще закрыта, но уже подле нее стоял толстенький курьер; другой курьер занял место у входа в приемную. Перед одним из зеркал охорашивался дежурный чиновник Стрекозин, весь вылощенный, с пробором, так старательно прохваченным от лба до затылка, что гребень в некоторых местах задел даже кожу. При малейшем шорохе он ловко перевертывался на каблуке, придавая своему красному лицу выражение любезности и приветливости, обязательное для чиновников, состоящих на дежурстве у начальника.

Вскоре появился третий курьер вместе с лакеем во фраке и белом галстуке; они принялись устанавливать перед окном ломберный стол. Узнав, что сюда приказано поставить для осмотра его сиятельства церковную утварь, предназначаемую для церкви нового центрального приюта, Стрекозин торопливо вставил в правый глаз стеклышко; такая предусмотрительность не была лишней, потому что, минуту спустя, курьер и лакей внесли корзину с утварью. К сожалению, Стрекозину не пришлось удовлетворить своему любопытству; обязанность выказывать любезность всем входившим в приемную заставила его немедленно обратиться к показавшемуся тут же архитектору Зиновьеву, старичку небольшого роста, но еще плотному и живому. Старость выказывалась бесчисленными мелкими морщинками, собранными вокруг глаз, оттененных желтизною кожи, и тем еще, что, вместо волос, на темени оставалось подобие пуха, колеблемого как ковыль на ветру; признаки оживления сохранились в светлых голубоватых глазах, смотревших умно, но, вместе с тем, скромно, откровенно и честно. В этом взгляде и вообще во всем лице, несмотря на его морщины, преобладало выражение добродушия, можно даже сказать, чего-то детского и невинного, если б последнее не служило, но большей части, синонимом простоты. Широкий лоб Зиновьева, его взгляд и полные губы, часто сжимаемые горькой улыбкой, ясно показывали, что то, что казалось детским и простодушным, ничего не имело общего с ограниченностью; то и другое проистекало скорее из свойств чистой, прекрасной души; от всего его существа веяло чем-то прямым и честным; свойства эти до такой степени были присущи его природе, что их не могли ослабить ни лета, ни жизненный опыт.

Раскланявшись с дежурным чиновником, Зиновьев заботливо принялся расставлять принесенную утварь. Она доставила ему в последнее время немало хлопот. Он не считал трудности при составлении самых рисунков, требовавших кропотливого изучения образцов от девятого до двенадцатого столетия; работа была ему по сердцу, увлекала его и он трудился с усердием. Главным образом нестерпимо было возиться после того, как рисунки были уже окончательно утверждены и самые предметы стали постепенно изготовляться. Их то и дело требовали для просмотра, и каждый из участников считал непременным своим долгом сделать какое-нибудь замечание. Иван Иванович говорил: "Прекрасно", но тут же прибавлял, прикасаясь всегда к каждой вещи: "Тут вот как будто... что-то такое"... Граф то одобрял, то находил также, "что тут... как будто что-то такое" и, не договаривая, желал исправления. Графиня, в общем, была довольна, но в последнее время стала находить, что стиль слишком кудряв и мало "как будто" ответствует строгости назначения. Хуже всего было то, что всякий раз волей-неволей приходилось переделывать и, чаще всего, портить то, что давно было утверждено при представлении рисунков. Теперь, кажется, все было сделано; но нет, - Воскресенский снова предуведомлял о желании графа взглянуть еще раз на утварь; делать нечего, - надо было исполнить приказание.

В то время, как старый архитектор хлопотал у стола, в приемную вошел, оглядываясь на все стороны и как бы чего-то отыскивая, рослый купец с медалью на ленте; за ним робко выступила тощая дама в траурном платье такого вида, как будто его заодно с владелицей вытащили из воды, не успев еще хорошенько просушить. Спустя несколько времени, показалась группа из восьми лиц мужского пола; тут были рослые и маленькие, старые и средних лет, лысые и приглаженные, и такие, у которых волосы торчали, как иглы у ежа; все были во фраках и белых галстуках; некоторые выказывали на видных местах орденские знаки.

Стрекозин, перевертываясь волчком на каблуках, любезно подходил к каждому, записывая карандашом на бумаге фамилию.

- Как прикажете записать? осведомился он, подходя к мужской группе.

- Депутация из Москвы, проговорил лысый господин, наклоняясь так близко, что уже не слышно было последних слов.

- Вас, сударыня, как прикажете? обратился он к траурной даме.

- Сюсюкова...

- Как-с?

- Сю-сю-кова... Я насчет мужа...

- Вас, сударь? спросил он, подходя к купцу.

- Купец первой гильдии Жигулев... я от Ивана Иваныча...

Это последнее сообщение было уже, казалось, слишком достаточно для Стрекозина; он приветливо улыбнулся и отошел в сторону.

В ту же минуту показался сам Иван Иваныч. Стрекозин мгновенно выпустил стеклышко из глаза и, отступая на цыпочках, как актер во время вызова, дал ему почтительно дорогу.

Ответив ему мимоходом ласковым поклоном, Воскресенский подошел к купцу, пожал ему руку, сказал в упор тихим голосом несколько слов, после чего направился было к Зиновьеву, но был остановлен подбежавшим курьером, который шепнул ему что-то под самое ухо.

- Скажи им: сейчас, проговорил Иван Иваныч. Медленным шагом последовал он за курьером и вышел из приемной.

Иван Иваныч остановился у спуска парадной лестницы, на которой торопливо шагали два господина, - один тощий, белокурый и приглаженный; другой коротенький, коренастый и черный, как армянин; оба были в белых галстуках и во фраках, украшенных крестиками в петлице. Первый был живописец Лисичкин, второй архитектор Бабков. Следом два лакея вносили картину, тщательно обернутую простынею, а ниже выступал курьер, державший в руках огромную папку.

- Хорошо! хорошо! с ласковым укором обратился к ним Воскресенскиѐ.

- Никаким образом не было возможно... Задержал позолотчик, проговорил Лисичкин сладеньким, масляным голосом.

- Меня извозчик задержал, чорт бы его побрал! отозвался, как из бочки, коренастый Бабков.

Успокоив их известием, что граф еще не выходил и будет время сделать все как следует, Иван Иваныч отдал приказание нести картину и папку боковыми переходами, минул парадные комнаты, до маленькой столовой, примыкавшей к задней части кабинета. Он провел тем же путем живописца и архитектора. Путь этот давно был им избран для тех, кому он особенно покровительствовал.

Бабков и Лисичкин, каждый в своем роде, могли служить образчиками в той категории художников, которых называют практиками, но не в рабочем смысле, а в смысле ловких, практических свойств их характера. Пронырливые от природы и, кроме того, с самолюбивой закваской, лица этого рода, еще в юных годах, не примиряются с положением товарищей, которые, - при той же бездарности и отсутствия истинного призвания, - упрямо продолжают работать, обрекая себя добровольно скромной карьере. Они не уживаются с сознанием своего ничтожества. Оно терзает их и растравляет в них чувство мещанского самолюбия. Художество не далось, - нечего себя дольше обманывать; сколько тут ни бейся, ни до чего, очевидно, не дойдешь, ничего не возьмешь. Между тем дойти, взять, выйти в свет смертельно хочется! Как тут быть? Нельзя ли, по крайней мере, хоть воспользоваться художественной профессией? Можно. Не перечесть, сколько уже раз служила эта профессия для добывания видных мест, чинов и знаков отличия. На это, пожалуй, могут возражать; "К чему художнику видное место? Какое место лучше мастерской, где представляется полная свобода благородного труда и творчества? К чему ему чины и орденские знаки? Его знаки отличия - его произведения; его чины - их прогрессивное совершенство!.." Все это справедливо, но только для художников с истинным призванием и талантом. Но сами скажите, разве иного таких?

Бабков и Лисичкин, действуя независимо, отдельно один от другого, повинуясь только собственному нюху, пришли, тем не менее, к одной цели. Оба незаметно подмостились к Ивану Иванычу, и каждый лез из кожи, стараясь угодить ему, зная, что за ним усердие не пропадает. Бабков, искавший, прежде всего, выгодных казенных построек, даром доставлял планы для подведомственных Ивану Иванычу богаделен и душеспасительных школ, строил, воздвигал дымовые трубы, проводил водосточный канавы, подбивал молодежь безвозмездно рисовать и чертить; Лисичкин, более самолюбивый, подбирался, как кошка к сырому мясу, к почетному званию и кресту на шею; с этой целью спешил он украшать стены приютов и богаделен портретами председателей и великодушных жертвователей, сам жертвовал образа своей работы, исполнял поручения, давал советы и хотя в последнем часто выказывал резкость и самоуверенность, не отвечавшие его менее чем скромному значению, как художника, но делал это, убедившись из опыта, что смелость и дерзость иногда города берут.

Воскресенский был поэт в своем роде. Стихов он не писал, но склонен был к увлечениям и даже не лишен был творческой способности. Он постоянно находился под обаянием какой-нибудь личности или нескольких лиц, которых сам же выдумывал, снабжая их вдруг всеми возможными качествами. Чем ничтожнее была личность, но чем более усматривалось в ней смирения и преданности, тем вернее могла она рассчитывать попасть в число любимцев Ивана Иваныча. Любимца всюду выставляли вперед, расхваливали на всех перекрестках, рекомендовали и определяли, хотя бы для этого требовалось придраться к другому лицу и спихнуть его с места. Иван Иваныч не преследовал при этом никакой корыстной цели: он действовал искренно: в увлечениях его было что-то отеческое, вытекавшее из потребности выводить маленьких Воскресенских и им покровительствовать. Такими любимцами в последнее время были Бабков и Лисичкин. Мимо тех услуг, какими можно было от них пользоваться, Иван Иваныч чувствовал к ним какое-то внутреннее влечение.

Он любил обоих за то также, что с ними не требовалось больших расходов красноречия. Несмотря на внешнюю разность типов Бабкова и Лисичкина, у обоих были совершенно схожие глаза серого оттенка, так уже устроенные, что они понимали с полуслова, читали на лицах едва уловимые знаки, хватали на лету намеки. В усердии они старались опередить один другого. Отсюда между ними происходило маленькое соперничество, заставлявшее архитектора называть живописца "лукавым блондином" и живописца называть архитектора "хитрым мужиком", что, впрочем, не мешало им быть почти неразлучными. Когда работа доставалась одному, он непременно старался привлечь к ней другого.

Связь их не нарушалась даже несходством характеров. Бабков отличался грубостью, которой ловко пользовался, придавая ей вид простоты и беззаботности русской прямой натуры. "Вы меня великодушно простите, - любил он повторять при разговоре с влиятельными особами, - я человек не придворный; никаких этих тонкостей не ведаю; я простой русский мужик, простой ломоть ржаного хлеба... да! Но правду за то, правду всегда скажу!" Никто, конечно, не справлялся, в каком колодезе скрывалась эта правда; тем не менее, множество лиц попадало на удочку. Когда касалось сомнительного вопроса, не раз приходилось слышать сожаление, что нет при этом Бабкова: "Жаль, он человек простой, но прям, и сказал бы нам правду!" Лисичкин брал на другой крючок; он весь был елей, мед и сахар; мягко говорил, нежно пожинал руки, целовался взасос, скромно сторонился, попадая, однако ж, как раз в луч зрения тех, в ком нуждался, и, подобравшись украдкой, подмаслив и подсластив как следует, вдруг неожиданно врезывался винтом и уже тогда проявлял ту дерзость и самоуверенность, о которых говорилось выше.

Роль Бабкова и Лисичкина была незавидна в кругу настоящих художников. Все очень хорошо знали, что, как художники, они ровно ничего не стоили, рисовали хуже школьников и были бездарны, как кукушки. О первом говорили, что он "скорее плотно набивает карман, чем плотно строит"; второго окрестили "гнилым яйцом, снесенным случайно в подол русского искусства". Обоих одинаково приписывали к разряду штукарей и пройдох.

Устроив двух приятелей в маленькой столовой, Воскресенский прошел в кабинет, где уже застал графа готовящимся выйти в приемную.

- Пока там собираются, ваше сиятельство, сказал Иван Иваныч, указывая на дверь приемной, - не угодно ли вам будет на секунду пожаловать рядом, в маленькую столовую; я привел туда архитектора Бабкова, который доставил планы конюшен и флигеля в Синекурове (так прозывалось главное имение графа); желалось мне также показать портрет ваш, прежде чем его поставят на место...

- Это куда же?

- В новый центральный приют; портрет писал художник наш, Лисичкин.

- Какой Лисичкин?

- Тот самый, который пожертвовал иконостас своей работы для церкви нового приюта.

- А! знаю! Очень рад буду его видеть, сказал граф, направляясь к маленькой столовой.

Иконостас, о котором упоминал Воскресенский, был одним из наказаний строителя церкви, Зиновьева. Он ахнул, когда увидал его, и чуть не заплакал, получив приказание поставить его. "Что же это такое? - твердил он упавшим голосом и жалобно скрещивая руки при виде рутинных и детски-намалеванных изображений, вместо тех строгих образов древнегреческого характера, которыми мечтал он украсить церковь, любимое свое детище. - Боже мой, что же это такое?" повторял он, потирая в недоумении лоб. Выражения эти были, к сожалению, переданы Лисичкину, который с тех пор стал искоса поглядывать на старого архитектора.

- Здравствуйте, господа! приветливо воскликнул граф, выходя к художникам.

Бабков, державший папку наготове, вытянулся по-солдатски;

Лисичкин, стоявший подле портрета, представлявшего графа в полном парадном мундире, растаял, как кусок масла, опущенный в горячую воду.

Граф остался доволен сходством, пожалел только, что все портреты писаны заочно, с фотографий, отличаются недостатком чего-то серого в общем тони и вообще страдают отсутствием чего-то живого.

Такого замечания именно и ждал Лисичкин.

- Я, ваше сиятельство, с тем и взял на себя смелость представить вам портрет, что надеялся... надеялся удостоиться хотя бы одного сеанса... всего на полчаса какие-нибудь!.. Вот тут бы и еще здесь следовало пройти еще раз, подхватил он, прикасаясь пальцами к полотну так нежно, как бы боясь что-нибудь испортить. - Один только сеанс, ваше сиятельство! добавил он робко-умоляющим голосом.

- Очень рад! Я пришлю сказать, когда будет можно, ласково возразил граф. - У вас что? обратился он к Бабкову.

- Планы конюшен и флигеля, которые вам угодно было приказать составить, хрипло отвечал Бабков, принимаясь развертывать панку.

- Прекрасно; но, прежде чем решить что-нибудь, надо было бы посоветоваться с графиней...

- Ее сиятельство только что уехала, заметил Иван Иваныч.

- Тогда отложим лучше до завтра... к тому же, мне теперь недосуг; меня ждут в приемной.

- Я пригласил этих господ еще с тем, ваше сиятельство, вкрадчиво начал Воскресенский, - что так как вам угодно было приказать архитектору Зиновьеву представить сегодня церковную утварь, то г. Лисичкин и г. Бабков, оба, как опытные художники, могли бы дать полезные указания...

- Прекрасно сделали! Очень рад буду видеть вас еще раз. Теперь прощайте! заключил граф, возвращаясь в кабинет,

Свидание было непродолжительно, но привело к тому, что было заранее рассчитано: Лисичкин добился сеанса, который доставлял ему случай видеть графа с глазу на глаз; Бабков достиг той же цели. Обоим открывалась возможность врезать лишний раз их черты в памяти графа. Сознавая важность услуги, как тот, так и другой не переставали благодарить Воскресенского во все время, как он вел их в приемную.

Пока Иван Иваныч занялся беседой с теми и другими лицами, Бабков и Лисичкин подошли к Зиновьеву.

- Боже мой, кого я вижу! Здравствуйте, многоуважаемый Алексей Максимыч, здравствуйте! заговорил Лисичкин таким голосом, как будто не ожидал встречи с любимым человеком и был искренно ею обрадован.

В избытке чувств он уже наклонился, выражая желание облобызать старика, но подумал о неудобстве места и воздержался.

- Как здоровеньки, батенька? Давненько не видались! сказал Бабков, протягивая руку.

Изъявление дружеских чувств несколько удивило Зиновьева. С Лисичкиным он познакомился, когда пришлось ставить его иконостас, - обстоятельство это не способствовало их сближению; с Бабковым он встречался также весьма редко. Все это не помешало ему любезно раскланяться и подвести их к столу с утварью.

- Прелесть!.. Ну, просто прелесть! воскликнул Лисичкин, расплываясь от восхищения прежде еще, чем успел осмотреть что-нибудь. - Откуда только, многоуважаемый Алексей Максимыч, откуда взяли вы эти чудные типы?..

- Откуда? Вот откуда! брякнул Бабков, хлопал себя по лбу. - Я правду говорю!..

- Конечно, подхватил живописец, - но, Боже мой, - сколько исследований... Одно это кадило: сласть просто! восторгался Лисичкин, косясь, однако ж, на дверь кабинета.

- Талант, голубчик! Я не люблю кривляться; прямо говорю: талант! Видел ли ты рисунки его реставраций?

- Видел, подхватил Лисичкин, - чудеса просто! А видел ли ты у Алексея Максимыча его рисунки итальянских мозаик? Если не видал, попроси взглянуть! Истинное сокровище! Скажите, неужели они до сих пор не изданы?

- Пока еще нет, скромно отозвался Зиновьев. - Помилуйте, кому они нужны? Чем можно было, я воспользовался для церкви и приюта; многое подходило к стилю... Остальное до сих пор так лежит.

- О чем это вы тут беседуете? тихо, как бы подкравшись, спросил Иван Иваныч.

- Восхищаемся, проговорил "лукавый блондин" с видом простодушия.

- Стоим да похваливаем! сказал "хитрый мужик", казавшийся в эту минуту более чем когда-нибудь простым "добрым малым".

Серые зрачки его встретились с глазами Лисичкина; оба украдкой обменялись взглядом, перевели глаза на Воскресенского и как бы случайно попали прямо в его луч зрения. Обмен этих взглядов прошел незаметно для Зиновьева, который в это время благодарил Ивана Иваныча, присоединившего свои одобрения к похвалам художников.

- Все это отлично, господа, сказал Воскресенский, - но были ли вы в самой церкви, для которой предназначается эта утварь, - я разумею: видели ли вы ее теперь, в последнее время?

- К сожалению, с тех пор не был, как Алексей Максимыч так обязательно ставил мой иконостас, отозвался Лисичкин, из памяти которого изгладилось, по-видимому, неудовольствие, возникшее тогда между ним и старым архитектором.

- Я также давно не был! подхватил добродушно Бабков. - Сто раз собирался, да все дела, батенька! А вот что: благо все здесь налицо, взяли бы, да и поехали!..

- Очень буду рад, пробормотал Зиновьев.

- Вы доедете с нами, Иван Иваныч?

- С удовольствием, только сегодня и завтра мне невозможно...

- Я попросил бы вас, господа, повременить еще несколько дней, принужденно выговорил Зиновьев, - теперь снимают внутри леса; самое неблагоприятное время! Уж показывать, так показывать товар лицом, как говорится. Позвольте: сегодня у нас вторник; не угодно ли будет в субботу?

- А, ну, в субботу, так в субботу! По рукам, значит! Вам можно, Иван Иваныч?

- Можно.

- И мне также, радостно сказал Лисичкин.

Здесь снова, и опять незаметно для Зиновьева, произошел обмен взглядов между Воскресенским и двумя его приятелями.

Бабков и Лисичкин уже протягивали руки Зиновьеву, но в эту минуту курьер отворил обе половинки двери в кабинет, и оба быстро откинулись в сторону. Между присутствующими прошло жужжание, точно всполошился рой больших осенних мух; шум этот тотчас же упал, как будто все мухи разом вылетели в окно. Наступило мертвое молчание.

С приветливой улыбкой на устах, в глазах, на всем лице, показался граф.

Все замерло. Слышалось только, как хлопала маркиза в одном из окон.

Иван Иваныч, скользя на своих мягких подошвах, приблизился к графу; с другой стороны подлетел дежурный чиновник Стрекозин, весь превращаясь в слух и зрение.

Граф подошел прежде всего к депутации. Из группы выступил кудрявый с проседью господин.

- Имеем честь представиться, начал он колеблющимся голосом, - депутация из Москвы к вашему сиятельству от... от... общества призрения сирот китоловов, погибших на Мурманском берегу... Просим ваше сиятельство сделать честь обществу принять его под ваше покровительство...

- И председательство, шепнули сзади, но так громко, что все услышали.

- И председательство, оторопев, добавил оратор.

- Прекрасная мысль! Очень рад, господа; всегда сочувствую всякому доброму, полезному делу, с любезностью сказал граф. - Давно общество основано?

- Основывается только что, ваше сиятельство...

- Прекрасно! Я только не понимаю, почему же именно в Москве? Не удобнее ли было бы где-нибудь у моря; например, хоть в Архангельске?

- В Москве, ваше сиятельство, предполагается только устройство центральной администрации... Оттуда уже...

- Ну, это другое дело... Поблагодарите от меня общество, господа; передайте, что я с своей стороны готов... всегда готов содействовать всякому доброму, полезному делу...

Оратор сдФлал шаг вперед и, согнувшись, подал устав общества. Граф обратился к Стрекозину, которого, в рассеянности, назвал Ласточкиным, и приказал принять устав.

Члены депутации попятились назад с поклонами.

Граф приблизился к купцу, который, издали еще, топтался на месте, как гусак; по лицу его струились крупные капли пота; глаза его, выпученные как у лягушки, умилительно моргали.

Иван Иваныч слегка наклонился к уху графа:

- Купец Жигулев... благодарить за награду...

- Поздравляю! приветственно сказал граф, - от души поздравляю!..

Глаза Жигулева неожиданно зажмурились, жирное лицо задрожало, и он проговорил, задыхаясь на каждом слове:

- Ваше сиятельство... осчастливьте!.. Сегодня у меня жена именинница... Осчастливьте... позвольте поцеловать вашу ручку...

- Полно, старик, полно! ласково проговорил граф, трепля его по плечу и всякий раз быстро отдергивая руку, как только Жигулев порывался влепить в нее поцелуй.

После этого он прошел к траурной даме. Но та от волнения решительно не могла произнести слова и только утирала слезы и совала вперед просьбу, дрожавшую в ее руке.

- Успокойтесь, сударыня, сказал граф, - я сделаю все, все, что будет только возможно... Ласточкин! - обозвал он снова Стрекозина, - возьмите у дамы просьбу и потом мне передайте... Еще раз прошу вас, сударыня: успокойтесь!

При виде Зиновьева и расставленной на столе церковной утвари, улыбающееся лицо графа сделалось несколько строже.

- Здравствуйте, проговорил он с несвойственной ему сухостью.

Он медленно подошел к столу, между тем как Лисичкин и Бабков, выступая за ним на цыпочках, жались подле Ивана Иваныча.

- Все ли, наконец, у вас готово? Давно пора, мой милый!.. Господа, обратился граф к двум художникам, - вы здесь весьма кстати: интересно было бы знать ваше мнение... Что вы на это скажете?

- Прекрасно! с нежностью, но нерешительно как-то сказал Лисичкин.

- Отлично! глухо отозвался Бабков.

- Тонко... деликатно! подхватил Лисичкин, - но тут же замялся, как бы стесняясь дальше выразить свое мнение.

- Никаких, стало быть, замечаний? спросил граф.

- Гм...

- Никаких, ваше сиятельство... все здесь одинаково прекрасно. Конечно, во всем можно всегда найти недостатки... но зачем же это?

- Говорите, не стесняйтесь, прошу вас! сказал Зиновьев.

- Зачем же? помилуйте!.. Все так прелестно!

- Коли пошло на правду, одно скажу: все хорошо; позолота только, сдается мне, не совсем того...

- О, нет! я не скажу этого, вмешался Лисичкин, украдкой переглядываясь с Иваном Иванычем. - Позолота прекрасная... Возьмем, например, хоть это кадило: чудо! Тут только... вот... как будто... мне кажется...

- Что ж вы тут находите? спросил Зиновьев, краснея.

- О, ничего решительно! Прелесть!.. Вот разве можно было бы... чуть-чуть... так, едва приметно... выгнуть эту линию... закруглить, так сказать... заметил Лисичкин, производя над кадилом неопределенные движения пальцами,

- Теперь уже поздно переделывать! прервал граф, - мы и без того запоздали!.. Вы знаете, мой почтеннейший, я всегда отдавал справедливость вашим трудам и таланту, обратился он к Зиновьеву, - но должен сказать, однако ж: вы затягиваете окончание дела до невозможности! Шутка: целых три года тянется постройка церкви, и теперь еще конца нет! Вы сами обещали мне быть готовым к весне; теперь середина лета... Так, право, невозможно! И добро бы задерживало что-нибудь существенное! В деньгах никогда, кажется, не было недостатка...

- Я только что хотел просить вас о новом кредите, начал было Зиновьев, но граф перебил его опять с такою резкостью, какую редко выказывал.

- Это дело не мое, а Ивана Иваныча; обратитесь к нему. Иван Иваныч, переговорите с господином Зиновьевым! заключил граф, раскачиваясь на все стороны и проходя в кабинет в сопровождении дежурного чиновника, который нес за ним просьбу и устав.

Лицо графа, на минуту нахмуренное, приняло снова свое сияющее, приветливое выражение; взяв бумаги от Стрекозина, он любезно объявил ему, что на весь день освобождает его от дежурства, но видя, что Стрекозин не трогался с места и странно как-то моргал глазами и ухмылялся, граф спросил с улыбкой:

- Что с вами, мой милый?

37

- Я потому, граф... застенчиво возразил Стрекозин. - Вам угодно было два раза назвать меня Ласточкиным...

- Как так?

- Моя фамилия: Стрекозин...

- Знаю.

- А вы изволите все время называть меня Ласточкиным.

- В самом деле? Извините меня, пожалуйста; это я в рассеянности, смеясь сказал граф. - Отчего вы тогда же меня не предупредили?

- В данный момент не смел противоречить вашему сиятельству! - промолвил Стрекозин, посматривая заискивающими глазами на графа, который неожиданно разразился добродушным смехом.

Не желая прервать его, Стрекозин попятился к двери. Когда он вернулся в приемную, там никого уже не было.

VI

- Боже мой, какая жара! Уж не в Африке ли мы? - почти вслух сказал Алексей Максимыч Зиновьев, выходя на Невский проспект.

До настоящей минуты он шел теневой стороной улицы и, кроме того, мало на что обращал внимание, находясь под впечатлением графского приема; он был им совершенно озадачен.

Здесь, на Невском, солнце уже так припекало, что нельзя было оставаться к нему нечувствительным. К жаре, усиливающейся от раскаленных плит, примешивался пряный, банный запах согретой Мойки; с другой стороны тянуло запахом газа, исходившим из канавы, в которой чинили трубы; несколько дальше понесло смолою от новой торцовой настилки; словом, охватывало той удушливой атмосферой, которая, в жаркое время, носится облаком над городом, виднеется еще издали, вызывая всегда радостное восклицание дачника: "Вот, однако ж, от чего мы освободились!"

Если не считать дворников, баловавшихся поливкой мостовой, и редких пешеходов, Невский проспект, заслонявшийся в глубине пыльной рыжеватой мглою, был почти пуст. Этому способствовал отчасти полдень и отдых рабочих. Местами целая артель мостовщиков храпела, развалясь на солнце; местами попадались извозчичьи лошади, стоявшие с понуренными головами и шевелившие" ушами, между геи как их возницы, раскиснув на дрожках, крепко спали с открытым ртом и багровым, мокрым лицом, облепленным мухами. С разных концов крыш и в разных направлениях висели веревки с клетками для маляров; многие дома стояли наполовину окрашенными; целые участки тротуара были забрызганы мелом. Елки, посаженные в кадки у входа в ресторан Доминика, совсем уже успели пересохнуть; стоявшие тут же маленькие мраморные столики отдавали жаром; к ним жутко было прикоснуться. Вообще говоря, Невский проспект не имел в это время ничего привлекательного; он возбуждал желание убежать от него как можно дальше.

То же самое, вероятно, думал и Алексей Максимыч; он поминутно отирал лицо платком и снимал шляпу, чтобы ею опахнуться. Он радостно достиг Михайловской улицы, радостно сел в вагон конки, и еще с большею радостью осветилось доброе лицо старика, когда вагон, дребезжа своими стеклами, покатил к Царицыну лугу,

"Желал бы я знать, отчего вдруг такая немилость?" мысленно рассуждал он, возвращаясь к предмету прерванных размышлений. - "Бывало, всегда такой обходительный, любезный... Никогда не видал его таким, как сегодня! Желал бы я знать также, чего увиваются эти два господина? Ну, Воскресевский, - тот ведет дело, всем ворочает, видит здесь расчет какой-нибудь... Но эти-то что?.. Эх-хе! Раз в жизни посчастливилось встретить настоящую, милую работу... Мечтал о ней, наконец добился; любил ее и лелеял, как детище; всю душу положил, как говорится... Хоть бы спокойно дали достроить, - нет! что ни день, ставят новые рогатки; вмешиваются, портят, заставляя принимать, например, такие работы, как тот иконостас! Ох, уж мне этот иконостас! Суетят, торопят... В конце концов, больше горя, чем радости! Впрочем, нет худа без добра! Пример годится моему Сереже; он же такой горячий! "Талант, говорит, талант и труд все, дедушка, побеждают!" Твоими бы устами мед пить, голубик. Бедный мальчик! Пускай, однако ж, остается, Христос с ним, при такой вере; она нужна в молодости; жизнь в свое время всему научит!"

На Карповском мосту Алексей Максимыч торопливо вылез из вагона, спустился с моста и пошел правым берегом речки, С этой стороны дачи теснятся только при самом начале; дальше они редеют, заменяясь мало-помалу заборами и садами. Местами, у самого берега, почти из воды подымалась группа старых ветел и ольхи, и тень от них, сливаясь с тенью ближайшего сада, покрывала дорогу. Старик снимал тогда шляпу и с видимым удовольствием начинал вдыхать воздух. Он вообще казался теперь менее озабоченным, чем был в вагоне; впечатления утра, по-видимому, сглаживались, давая место более спокойным, светлым мыслям. Всякий раз, как на пути встречалась живописная группа дерев или речка делала поворот, открывая неожиданно новый картинный эффект света,

39

Алексей Максимыч замедлял шаг и на лице его проступало заметное оживление. Раз даже, не удовольствовавшись немым созерцанием, он громко воскликнул:

- Эх, жаль, нет моей Марусеньки! Какую славную акварель она бы здесь написала!..

Он ускоренно зашагал по деревянным мосткам, заменявшим тротуар, и, немного погодя, вышел в дальний конец Песочного переулка, где нанимал дачу.

Дом стоял в глубине сада, отделявшегося от переулка высоким забором из барочных досок, просверленных дырьями. Подойдя ближе, Алексей Максимыч стал прислушиваться к голосам, раздававшимся из сада; голоса были ему хорошо знакомы; но с первой минуты понял он, что в доме происходит что-то особенное. Он убедился в этом, как только открыл калитку.

Посреди небольшого дворика дачи стояла незнакомая ему оборванная, босоногая девочка, лет шести, и подле нее также незнакомый и оборванный мальчик, меньшего возраста; лица их были пухлы от слез; на щеке мальчика виднелись следы крови, которую старалась обмыть Маруся, девушка лет девятнадцати, стройная, красивая, с чудесными волосами каштанового цвета; стоя на коленях перед мальчиком, она обмывала ему лицо, между тем как чашку с водою усердно поддерживали две девочки, лет по десяти, обе белокурые, в ситцевых цветных платьях и белых передниках. Группу завершал юноша, лет двадцати, рослый, широкоплечий, кудрявый, с пушком вокруг щек и на верхней губе. Он казался чем-то взволнован; щеки его пылали, брови судорожно передвигались, пальцы сжимались в кулак. Все присутствующие были чем-то сильно возбуждены; все говорили и кричали в одно время.

При виде старика, белокурые девочки торопливо поставили чашку на песок и со всех ног бросились ему навстречу; не успел он очнуться, как уже почувствовал себя в их руках.

- Дедушка, я расскажу тебе... Это ужасно! ужасно! едва переводя дух от волнения, заговорила младшая из них, Катя.

- Послушай только, дедушка, что я расскажу тебе! Ты только послушай; это ужасно! кричала с другой стороны вторая девочка, Соня.

- Постойте же, деточки, пустите... нельзя же так, отбивался Алексей Максимыч, целуя их в то же время. - Начнете вместе рассказывать, я ничего не пойму... я даже слушать не стану, если так... Вот, смотрите: и шляпу, новую шляпу на земле сбросили... Шалуньи, право!.. Спасибо, Маруся, подхватил он, подставляя голову красивой девушке, которая надела ему шляпу, стараясь отстранить Катю и Соню. - Ничего не хочу знать. Буду слушать только Марусю... Слышите ли? Только Марусю...

40

Рассказывай, душенька, что у вас здесь такое... Только постой, не на солнце... Подойдемте под навес; там будет удобнее...

Он мимоходом взглянул на юношу; тот старался, видимо, овладеть собою; но краска разливалась по лицу его, и чем больше он бодрился, тем больше выказывал неловкости.

Алексей Максимыч уселся на соломенный стул, придвинутый Марусей; Катя и Соня мгновенно завладели его руками. Юноша подошел ближе, расправляя ладонью растрепавшиеся кудри на голове.

- Ну, Марусенька, рассказывай... Постой, впрочем, зачем же оставили вы этих ребятишек на солнце? Катя, Соня, ведите их скорее сюда!.. Вот так!.. Не плачь, девочка, тебе ничего худого не сделают; не плачь, душенька; ну, Маруся, рассказывай; во-первых, что это за дети?

- Дети бедного огородника, - торопливо вмешалась Соня.

- Они сегодня ничего не ели, - перебила Катя.

- Деточки, что ж это в самом деле? Так, право, нельзя, - с упреком в голосе сказал старик.

Он хотел показать при этом строгое лицо, но это ему не удалось, и он засмеялся.

- Дедушка! добрый, добрый дедушка!--закричали обе девочки, бросаясь обнимать и целовать старика с такою восторженностью, что шляпа его чуть было снова не слетела наземь.

Наконец, они успокоились.

- Видишь ли, дедушка, - начала Маруся, усаживаясь подле и поправляя ему скосившийся галстук, - все мы сидели здесь на дворе; я шила, Сережа давал сестрам урок из русской истории; вдруг здесь, сейчас за калиткой, раздается детский пронзительный крик. Мы выбежали. На мостках два ребенка, вот эти самые. Девочка заливается-плачет, мальчик кричит; смотрим, из носу его льет кровь, все лицо перепачкано кровью... Спрашиваем: что случилось? Девочка тут же рассказала, что за минуту перед тем проходил мимо какой-то мальчик; поровнявшись с ее братом, он вдруг размахнулся и ударил его по лицу, после чего побежал в лавочку в конце переулка... мы привели детей к себе... Но... но Сережа ужасно разгорячился, - подхватила Маруся, заметно смущаясь на этом месте своего рассказа.

- Короче сказать, дедушка, - вмешался Сережа, успевший в это время остыть и оправиться, - мне захотелось наказать этого негодяя...

- Рыцарь! рыцарь, нечего сказать! - полушутливо, полусерьезно заметил старик.

- Рыцарь не рыцарь, но пропустить безнаказанно поступок болвана, который бьет ребенка по лицу, мне не хотелось, и я подождал у калитки, пока он не вернется назад... Я, действительно, думал увидеть мальчишку и хотел надрать ему уши, но смотрю: передо мною вдруг выступил с салатником, наполненным огурцами, целый верзила... Меня это окончательно взорвало. Тут девочка закричала: это он, он! Я забылся, бросился вперед... огурцы, конечно, полетели во все стороны... Я уже потом не помню хорошенько... Знаю только, что ему славно досталось... Ручаюсь, он не станет вперед потешаться на детских лицах!

- Какой Сережа храбрый, да, дедушка, да? - восторженно воскликнула Катя.

- И добрый, да, дедушка? добрый? да? - подхватила Соня.

- О, удивительно! Что и говорить! - возразил Алексей Максимыч, разводя руками. - Ну, а что, если б да этот самый детина оказался вдруг сильнее Сережи? Что, если б началась свалка и вмешалась полиция? Тогда что? - прибавил он, посматривая на юношу. - Как бы все это красиво отозвалось на молодом человеке, который готовит программу на золотую медаль... Неправда ли, как это было бы красиво, Маруся?.. Скажи сама. Ты у нас одна здесь благоразумная...

В ответ на это Маруся окинула живым взглядом дедушку; встретив знакомую добрую улыбку на лице его, она сказала, что, будь она на месте Сережи, она, по всей вероятности, сделала бы то же самое.

- Заранее предвидел, что ты так ответишь; непременно заступится, уж это само собою, как водится!- проговорил старик, совсем уже развеселившись.

Еще в начале прошлой зимы Зиновьев стал замечать, что молодые люди, выросшие почти вместе, начали обмениваться особенными взглядами, искали укромных уголков и там по целым часам о чем-то с жаром беседовали; он не показал никакого виду, но в ту же зиму, под предлогом усиленных занятий Сережи в Академии Художеств и отдаленности от нее своей квартиры, нанял ему на Васильевском острове меблированную комнату. Сережа с тех пор приходил только к обеду и проводил у дедушки часть вечера.

Веселые возгласы знакомых голосов ни на минуту не умолкали в саду. К ним вскоре присоединилось звяканье посуды, возвестившее, что семья села обедать. У Зиновьева немного было прислуги. Не считая кухарки, прислуга ограничивалась старой Марьей, или Марьянушкой, как ее обыкновенно все звали. Лет двадцать тому назад поступила она к старому архитектору простой прислужницей, потом мало-помалу завладела хозяйством, потом выходила и вынянчила одного за другим всех детей и теперь уже была чем-то средним между экономкой, членом семьи и старым другом дома. На вопрос Алексея Максимыча, куда девали бедных девочку и мальчика, Марьянушка объявила, что она в точности исполнила желание Маруси: дети были умыты, накормлены, каждому дано, сверх того, по ватрушке, и оба играют теперь в кухне с котятами.

- Уж как же и уплетали, мои голубчики! Посмотрели бы вы только! - присовокупила Марьянушка, весело на всех поглядывая. - Я спрашивала у девочки: со вчерашнего дня, говорит, ничего не ели...

- Благо сыты теперь, давай их сюда! - подхватил Алексей Максимыч, освобождая себя от салфетки, которую обыкновенно закладывал концами за галстук.

Все торопливо встали из-за стола.

Такая поспешность объяснилась превосходным планом прогулки, которую придумал дедушка во время обеда. Вместо того, чтобы отправиться без цели, как это обыкновенно делалось, он предложил идти всем вместе отыскать огородника и "водворить", как он выразился, мальчика и девочку "на место жительства". Предложение принято было с восторгом. В первые минуты решительно не знали, что делать с Катей и Соней. Нужно было вмешательство Марьянушки, чтобы заставить их терпеливо досидеть до конца обеда.

Был уже пятый час, когда семья Зиновьева всей гурьбой высыпала за калитку сада. Шествие было почти что торжественное: его открывали босые мальчик и девочка под прикрытием Кати и Сони; позади, рядом с Марусей, выступал Алексей Максимыч, заменивший фрак холщевым пальто и цилиндр широкополой соломенной шляпой; за ними шел Сережа, теперь уже успокоенный, с бодрым и довольным видом.

Путь предстоял не шуточный. Приходилось обогнуть чуть ли не половину Аптекарского острова, перейти малую Невку и выйти на ту часть Петербургской стороны, которая замыкается пустырями и огородами. Но всем было очень весело, не выключая дедушки, из памяти которого окончательно, казалось, исчезли неприятные впечатления утра. Увлекаясь воспоминаниями прошлого, он в сотый раз и все с тем же увлечением рассказывал Марусе и Сереже о путешествии, совершенном когда-то пешком по маленьким итальянским городкам, расположенным вдоль Адриатического моря. Он приступал уже к описанию чудес Равеннского собора, - любимому его предмету, - когда Катя и Соня неожиданно остановились у забора и закричали:

- Здесь... здесь, дедушка!

Позади забора простирались во все стороны нескончаемые ряды зеленеющих гряд; слева только подымалась избушка с перекосившимся шестом бывшей скворечницы; вокруг грудами валялся навоз, рогожи, битые черепки. Можно было бы думать, что Петербург находится отсюда за тридевять земель, если б в отдалении не показывался адмиралтейский шпиц, блистая на вечернем закате.

В ту самую минуту, как семья Зиновьева входила в огород, из избы показалась тощая, босоногая баба, поправлявшая платок на встрепанной голове.

43

- Мама, мама! закричали мальчик и девочка.

Баба остановилась; увидав детей, она подняла с земли хворостину и скорыми шагами пошла к ним навстречу, повторяя: "Постойте, я вам дам маму! Пострелы этакие.."

Маруся, Сережи и дедушка заслонили детей; Катя и Соня с испуганным видом прижались к старшим.

- Матушка, погоди! Зачем же так? ласково заговорил Алексей Максимыч, удерживая руку бабы. - Выслушай прежде... Дети далеко забежали, заблудились... ну, вот мы их нашли, накормили и привели домой. Скорее мы виноваты, что долго их у себя держали... другой раз лучше присматривай, а то Бог знает что может случиться...

Суровое выражение на лице бабы неожиданно исчезло; хворостина выпала из рук; она ударилась в слезы.

Из слов ее выяснилось, что муж был только работником на огороде; и вот уже вторую неделю лежит больной; хозяин, между тем, грозит прогнать со двора; гроши, какие были, все ушли на лечение; в доме нет куска хлеба и дети поневоле голодают; сама она бросалась туда-сюда за помощью, но никто даже голоса не подал, никто не откликнулся; тут кто бы ни был - потеряет голову.

Во всем этом не было ничего преувеличенного. Когда Алексей Максимыч, оставив Марусю с младшими девочками, вошел с Сережей в избу, оба ужаснулись окружавшей нищете. Перед низеньким окном с выбитыми стеклами лежал больной, едва прикрытый шершавыми лохмотьями тулупа; на лице его, землянистого цвета, отчетливо выступала неподвижная, заострившаяся профиль; обнаженная грудь с темным углубленным пятном посередине тяжело переводила дух. В избе было невообразимо жарко; с первого шага захватывало дух и бросало в пот.

Алексей Максимыч переглянулся с Сережей, позвал бабу и, остановив ее в дверях, скоро начал что-то шептать ей, шаря у себя, в то же время, в кармане. Сережа подошел ближе и также украдкой сунул ей что-то в руку. После того оба вернулись к своим, стараясь на пути успокоить бабу, которая, перестав уже плакать, порывалась целовать их руки. Выбежав из избы, она принялась также целовать руки Марусе и двум девочкам. Вопреки увещаниям Алексея Максимыча, настоятельно посылавшего бабу к мужу, она проводила семью за калитку, и долго еще слышался надорванный ее голос, произносивший всевозможные благословения.

Б первое время обратного возвращения домой все члены семьи шли молча. Алексею Максимычу это не понравилось. Ему, во что бы то ни стало, хотелось возвратить присутствующим прежнюю веселость. Для Кати и Сони не требовалось делать больших усилий. С первых его слов обе восторженно забили в ладоши и принялись выделывать прыжки.

Выражения радости вызваны были новой выдумкой дедушки; он сообщил, что если та и другая будут слушаться Марусю и хорошо учиться, он всякий раз, после обеда, каждой даст несколько денег, и обе каждый вечер, вместе с Марусей, могут посещать бедную огородницу.

- И ты, дедушка, будешь с нами? спросили девочки, хватая его за руки.

- Нет, деточки, мне будет невозможно. Я теперь буду очень, очень занять. И Сережа не пойдет с вами; у него также большая работа и ему мешать не надо. Кстати, прибавил он, - как идет твой проект?

- Подвигается, дедушка,

- Когда же ты мне его покажешь?

- Когда совсем окончу.

- Ты все еще упорствуешь?

- Упорствую, дедушка! улыбаясь, возразил Сережа. - Сам посуди: покажи я тебе проект, ты, конечно, начнешь советовать, я, конечно, послушаю твоих советов; проект, разумеется, выиграет, но в нем окажется больше твоего, чем моего, а мне этого не хочется. Каков бы он ни был, пусть лучше все мое будет: и мысль, и детали, и вся обработка.

- Ну, а как провалишься?

Сережа на минуту задумался, но тут же поднял голову. Он начал уверять, что говорить так вовсе не из самоуверенности, но видел, как более или менее трудились его товарищи, видел их работу и сравнивал ее с своею; он не мог также не заметить, что с некоторых пор профессора стали обращаться с им иначе, оказывали ему особенное внимание, чего прежде не делали. Воодушевляясь, слово за словом, Сережа заговорил о возможности получить медаль, поехать в Италию, набраться новых сил, потом вернуться скорей, как можно скорей домой, получить работу и тогда уже, тогда...

- И тогда жениться на Марусе! - вдруг неожиданно докончил дедушка, лукаво, но добродушно поглядывая на юношу.

Основываясь на отрывистых фразах, начатых, но недосказанных признаниях Сережи, Алексей Максимыч не сомневался в любви людей; не сомневался в том даже, что оба решили уже вопрос и дали друг другу слово. В душе он этому радовался. Он пристальнее взглянул на племянника и повторил;

- Да, и женишься на Марусе?

- И женюсь на Марусе! - решительно отвечал Сережа, отыскивая глазами девушку, которая вдруг вспыхнула и закрылась зонтиком.

Алексей Максимыч обхватил рукою ее стан, потрепал ее по плечу и на ходу поцеловал в щеку, при чем Катя и Соня снова запрыгали как козы и начали восторженно бить в ладоши.

Сумерки уже сгущались и полный, румяный месяц выплывал между темными деревьями, когда семья Зиновьева остановилась перед калиткой дачи.

VII

Алексей Максимыч Зиновьев вышел из Академии Художеств в сороковых годах. Удостоенный золотою медалью первого достоинства, он шесть лет провел в Италии. Результатом поездки были: замечательная монография в рисунках палатинской капеллы в Палермо и множество снимков различных церквей и архитектурных деталей. Все это служило вкладом для изучения искусства, но ему, собственно в материальном отношении, ничего не принесло. Правда, для капеллы нашелся за границей издатель; но потому ли, что молодой архитектор не умел заключить условий, потому ли, что печатание действительно обошлось дороже, чем предполагалось, выгода Зиновьева ограничилась одним экземпляром, посланным ему издателем. Он поспешил продать экземпляр за половинную цену, так как в то время крайне нуждался в деньгах. При всей готовности приняться за дело, в течение года он не мог достать работы.

Случаи интересных построек представлялись не один раз, но всегда как-то так выходило, что они проскользали мимо и попадали в другие руки. Ему оставалось идти в помощники и чаще всего к товарищам, которые, сколько ему помнилось, не отличались в академии особенными способностями; в свое время он даже многим из них помогал оканчивать программы.

Но жизнь предъявляла свои требования; он соглашался, и, надо прибавить, соглашался без раздражения, потому что врожденное добродушие и простота сердца не оставляли уголка для зависти и едкого самолюбия. Но и здесь даже редко удавалось довести дело до конца и получить за свой труд полное вознаграждение. Главным препятствием были по большей части подрядчики. Одни доставляли подмоченные балки, прося принять их за сухие; другие выставляли двадцать тысяч кирпичей, подсовывая к подписке счет на двадцать пять тысяч, и. т. д. Когда он передавал об этом старшему архитектору, тот приходил обыкновенно в негодование, но, в конце концов, оставлял у себя подрядчика и выказывал полнейшее равнодушие при желании помощника оставить должность.

Как ни был он терпелив, ему, однако ж, это надоело. Он принялся

46

тогда делать рисунки для мебельщиков и фабрикантов. Любимым предметом Зиновьева был греко-византийский стиль, процветавший в восточной Римской империи между шестым и двенадцатым столетиями; он всегда чувствовал к нему склонность; по-бывав в Италии, он до того им увлекся, что, несмотря на скудные средства, сделал поездку в Константинополь, единственно с целью осмотреть храм святой Софии. Вернувшись в Россию с запасом драгоценных материалов, он постоянно мечтал воспользоваться ими для украшения предметов церковного и гражданского употребления.

Он горячо принялся за работу.

Но и здесь пришлось вскоре разочароваться. Фабриканты и мебельщики исключительно требовали стиля Людовика XVI и рококо. Рисунки Зиновьева, - плод долгого, страстного изучения и труда, - оставались у него по большей части в папке.

Практический человек не стал бы, конечно, идти против течения, понял бы бесполезность борьбы и, вместо того, чтобы убеждать и спорить, поспешил бы удовлетворить требованиям современного вкуса; но практичность не дана была в удел Зиновьеву. Византия, вместо того, чтобы его вывезти, посадила его на мель.

Нужна была случайная выставка в академии, нужен был особый знаток и любитель византийского искусства, чтобы выручить молодого архитектора.

Рисунки его на академической выставке не только имели успех, но получили значение какого-то нового откровения. Он точно не жил до сих пор в Петербурге и вдруг упал с неба на Васильевский остров. О нем заговорили, вспомнили и просмотрели его прежние работы; в целом его направлении найдена была общая мысль, последовательность, новое стремление, которое, при более обширной разработке, должно было привести к замечательным последствиям.

Ему предложена была на казенный счет новая поездка в Италию, но уже с целью специального изучения того рода искусства, который он так любил и которому так фанатически поклонялся. Зиновьев, начинавшей уже падать духом, воскрес окончательно. В конце года он уехал, отметив себе заранее два пункта: Равенну и Венецию. Он поселился в последнем городе.

В первые годы академия не могла нарадоваться. Труды Зиновьева получались аккуратно и всякий раз служили предметом величайших похвал. Вместе с тем удивлялись также, что он не возвращается. Прошло еще два года; давно кончился срок казенного поручения: Зиновьев продолжал посылать в Петербург работы даже после того, как остановлено было ему казенное содержание, но сам не трогался с места. Время от времени ему писали из России, делали различный выгодный предложения; он всякий раз благодарил, обещал приехать, но, все-таки, оставался; то надо было кончить рисунки для сочинения, заказанного иностранным издателем, то случайно открывались незнакомые сокровища византийского искусства, которыми необходимо было пополнить накопившиеся материалы. В увлечении он все забывал тогда: и неудачи, испытанный в Петербурге, и выгодные предложения, которые оттуда посылались. Справедливость требует также сказать, что Италия успела уже произвести на Зиновьева свое засасывающее, притягательное действие.

Последнее было не трудно, так как одним из свойств его природы была способность сильно привязываться; любящее его сердце не только привыкало к людям, но крепко сживалось с неодушевленными предметами, его окружавшими. При одной мысли не видать больше Венеции он опускал голову и начинал отмахиваться, как бы желая скорее отогнать от себя такую возможность.

Так год за годом протянулось без малого девять лет.

Зиновьеву было уже тогда под сорок; седина начинала местами пробиваться на висках и в бороде. Он решился, наконец, возвратиться в отечество. Намерение на этот раз было бы, без сомнения, исполнено, если б снова не задержал непредвиденный случай. Но на этот раз препятствием были не рисунки и увлечения красотами византийского искусства; дело было серьезнее: Алексей Максимыч влюбился.

До настоящего времени у него были только привязанности; ни разу не прекращаясь по его вине, они оставляли всегда после себя горечь разочарования. Он всякий раз давал себе слово не увлекаться больше, никогда не выдерживал и всегда бранил себя, когда снова приходилось терпеть неудачу. С любовью произошло другое. Он испытывал это чувство в первый раз, испытывал в такие годы, когда оно захватывает уже не шутя, в самую глубь сердца.

Предметом Алексея Максимыча была хорошенькая двадцатилетняя немочка, завезенная в Венецию дюссельдорфским художником. Она жила одиноко, едва перебиваясь на средства, оставленные любовником, который вскоре должен был вернуться на родину. Его призывало туда, - так говорил он, по крайней мере, - наследство; вместе с тем, у него оставались там картины, и представлялся неожиданный случай продать их. Время от времени из Дюссельдорфа приходили письма; в них подтверждалось обещание художника жениться на девушке; но для этого надо было одно из двух: или получить наследство, или продать картины; то и другое, к сожалению, замедлялось. Проходили недели, стали, наконец, проходить месяцы, - художник не только не возвращался, но самые письма его сделались редки.

Зиновьев уже не сомневался, что девушка была обманута. Он не открывал ей, однако ж, своих подозрений; его удерживала жалость, а также неуверенность в чувствах девушки к покинувшему ее художнику. Зиновьев добивался только ее доверия; им руководило сначала чувство глубокого сострадания к покинутой; так, по крайней мере, ему казалось; он не подозревал, что сострадание, которое он испытывал, живет бок-о-бок в одном источнике с любовью, и первое чаще всего служит проводником второму. Он утром вставал с одною лишь мыслью: увидеть ее как можно скорее, а вечером, ложась в постель, думал пережить скорее ночь, чтобы скорее дождаться следующего утра. Быть с ней и видеть ее сделалось его насущной потребностью; он беспокоился и волновался, когда ее не было, волновался еще больше, когда был с нею. Так прошел еще месяц.

Зиновьев предложил ей однажды сделать прогулку на Лидо. Приехав туда, они уселись дальше от того места, где устроены купальни, - там, где начинается зелень над плоским песчаным берегом, по которому тихо, точно ласкаясь, накатываются зелено-прозрачные волны. День был чудный; все вокруг млело в ровном серебристом сиянии; в нем берег сливался с морем и море сливалось с небом; воздух не двигался; чувствовалось в нем что-то влажное, нежащее, как бархат.

В то утро сердце Алексея Максимыча было особенно полно, он весь был настроен и нервы до того возбуждены, что если б в эту минуту раздалась где-нибудь музыка, он не мог бы удержаться и заплакал. Он приблизился к девушке и сначала тихо, потом с возраставшей восторженностью передал ей все, что давно собирался высказать. Не останавливаясь перед соображениями о прошлом, видя перед собою только ее несчастие и увлеченный мыслью о ее спасении, не соображая о том, что сам перебивался, самому трудно было бороться с жизнью, он предложил на ней жениться.

Девушка слушала его с возраставшим смущением; при последних словах она закрыла лицо руками и принялась так горько рыдать, что в первые две-три минуты Зиновьев положительно потерял голову; он бросился к ее ногам, начал успокаивать, просил простить его. Придя несколько и себя, девушка обратила к нему заплаканное лицо и сказала, что не ему просить у нее прощения, но ему надо простить ее, потому что в ответ на его любовь и великодушие она до сих пор скрывала от него главную тайну своего горя. Обливаясь слезами, она открыла ему, что у нее был ребенок.

- Что ж такое? воскликнул Алексей Максимыч, горячо схватывая ее руку. - Ну... ну, что ж?.. Я буду ему отцом! добавил он, показывая ей улыбающееся лицо, между гем как из глаз его ручьями текли слезы.

Но чувства, волновавшие его, тут же должны были уступить горю, -

горю, которого он впоследствии никогда уже больше не испытывал с такой силой. Из дальнейших объяснений открылось, что девушка ценила вполне его чувства, считала его самым честным и благородным человеком, но при всем том отказывалась принять его предложение, отказывалась от счастья. Он должен был сам понять, могла ли она согласиться, пока оставалась еще надежда возвратить отца ребенку?

Уговаривать, убеждать было бесполезно; Зиновьев сам это почувствовал. Призывая на помощь все силы благоразумия, он решился тогда же вернуться в Россию, как можно скорее. Но что с ней тогда будет? Как оставить ее одну на произвол судьбы? Вопросы эти на минуту поколебали его решимость. Любовь глубоко прошла в его сердце; кроме любви, его постоянно еще влекло к девушке другое чувство - чувство особенной заботливости и отеческой нежности, Последнее внушало ему выход из его положения. Он собрал все накопленные деньги, около тысячи рублей, отправился к знакомому ювелиру и на всю сумму купил драгоценный перстень. В этом виде, думал он, легче будет достигнуть цели; от денег она бы отказалась, но в принятии перстня, особенно когда он дается на память... и только на память!.. не может быть повода к отказу. Он, тем не менее, придумывал различный хитрые сплетения и лукавые убедительные доводы. В критическую минуту он решился даже солгать, что перстень достался ему от дальней родственницы и он решительно не знает, что с ним делать.

Покончив благополучно с этим делом, он почувствовал значительное облегчение; он мог теперь ехать спокойнее, и начал укладываться.

Алексей Максимыч стоял в раздумье перед кипами разбросанных рисунков, когда неожиданно постучали в дверь. В комнату вошла любимая девушка. Лицо ее было крайне взволновано. Тяжело переводя дух, она подала Зиновьеву письмо, прося прочесть его. Художник извещал, что продал, наконец, картины, и подтверждал обещание жениться и просил ее немедленно ехать в Дюссельдорф, на что и посылал при письме деньги.

Два дня после этого, рано утром, лица, находившиеся на платформе перед поездом, готовым отправиться из Венеции, поглядывали с любопытством на окно одного из вагонов второго класса. В этом окне, точно н раме картины, обрисовалось миловидное лицо молодой женщины; приметив, что на нее обращали внимание, она делала очевидные усилия, чтобы удержаться от слез; но старания ее были напрасны; как только платок, который она поминутно прикладывала к лицу, опускался, слезы снова струились по щекам. Откидываясь за край окна, она поспешно тогда протягивала руку стоявшему перед окном на платформе господину небольшого роста, с сединою в бороде и бакенбардах; лицо его было бледно; на нем, под бровями, резко выделялись красные, опухшие веки. Он всякий раз судорожно как-то схватывал протянутую ему руку, жадно впивался в лицо женщины, начинал шептать какие-то непонятные слова и, в то же время, принимался скоро осенять ее крестным знамением.

Когда раздался свисток и тронулся вагон, он пробежал несколько шагов, с отчаянием простирая руки к платку, которым махали из окна. Один из служителей бросился было за ним; но он уже возвращался к выходной двери, тяжело склонив голову и опустив руки.

День спустя, Зиновьев покинул Венецию.

Он приехал в Петербург, как в чужой город. Его почти забыли. Была у него сестра замужем за живописцем; его зять принадлежал к группе диких и необузданных художников. Зиновьев и прежде всегда тщательно избегал его. Жалея сестру, он помогал ей, когда мог, и этим ограничивались их отношения.

Алексей Максимыч начинал уже понемногу устраиваться. Неожиданное известие в один миг потрясло его до глубины души. Известие пришло из Ростока, маленького прусского городка, на берегу Балтийского моря. Зиновьев узнал из письма, что любимая девушка была безжалостно обманута и брошена с ребенком; едва живая, она доехала до Ростока, где приютилась у бедной родственницы. В настоящее время она лежала безнадежно больная. Припоминая прошлое Зиновьеву, благодаря его за нее то, что он для нее сделал, она теперь обращалась к нему, как к единственному существу, которому верила; она просила за ребенка, умоляла не оставить его и быть ему отцом, как сам он обещал когда-то.

Алексей Максимыч не принадлежал к числу людей решительных; но здесь он показал себя другим человеком. Собрав все деньги, какие мог, и взяв паспорт, он отправился, не теряя минуты. Он не смыкал глаз во всю дорогу; перед ним острием стояла одна мысль, он боялся одного только: не застать ее больше в живых. Предчувствия не обманули его; он приехал в Росток на второй день после того, как ее похоронили. Исполнив все формальности касательно ребенка (это была девочка и больших затруднений не встретилось), Зиновьев привез девочку в Петербург.

VIII

Ребенку было всего несколько месяцев. С помощью Марьянушки, нанимавшейся у него в кухарках и оказавшейся прекрасной женщиной, Зиновьев вышел, однако ж, из затруднений. Не обошлось, конечно, без намеков и более или менее фантастических предположений на его счет; но он не обратил на них внимания. С таким же равнодушием отнесся он к окончательному разрыву с зятем; последний бранил его теперь на всех углах, выставляя на вид бессердечность человека, который разводит незаконных детей и прикармливает их, тогда как ближайшим родственникам часто есть нечего. Декламируя такии образом, живописец не подозревал, что часто хлеб, который он ел дома, был куплен на деньги шурина; не подозревал он также, что для того, чтобы доставать деньги, шурин трудился не зная отдыха, между тем как сам он сидел э в это время в погребке или лежал на проткнутом диване, предаваясь сладчайшему отдыху.

Еще менее, конечно, приходило ему в голову, что будет время, когда его собственных детей придется прикармливать и воспитывать тому же шурину. Все это случилось, правда, не скоро, но случилось однако ж. По прошествии нескольких лет, скоропостижно умер живописец; за ним скончалась его жена. После них остались мальчик и две девочки. Пользуясь знакомствами, Алексей Максимыч мог бы, конечно, распределить детей сестры в разные благотворительные учреждения. Но такая комбинация не пришла ему как-то в голову. Он пожалел детей и взял их на свое попечение. Сереже было тогда девять лет, Кате два года, Соня только что родилась. Наследство после сестры, нечего сказать, было обременительно; тем не менее, если бы, год спустя, кто-нибудь предложил Зиновьеву облегчить его участь и взять детей, он, кажется, в первый раз в жизни вышел бы из себя и показал дверь такому человеку. Привязчивость его успела уже сделать свое дело. Одно иногда беспокоило: шум и крик, когда дети разыграются; но являлась Марьянушка, и все снова улаживалось.

Положение Зиновьева, как архитектора, нельзя было назвать блестящим. Он, по-прежнему, больше рисовал, чем строил; но теперь известность его, как отличного рисовальщика, настолько уже распространилась, что в этой работе не было недостатка. Надо также прибавить, что греко-византийский стиль, которому он так горячо поклонялся, начинал встречать сочувствие, мало-помалу применяться, особенно в предметах для церковного употребления. В одной из главных газет явилась даже статья, в которой прямо указывали на Зиновьева, как на главного проводника такого вкуса. Заказы стали чаще являться.

Работая по большей части дома, он редко встречался с собратами по архитектуре, но даже и при других условиях между ними и Зиновьевым не могло произойти тесного сближения. Ими, главным образом, руководили интерес и практические соображения; мало озабочиваясь вопросами искусства, они брались строить безразлично какое угодно здание, в каком угодно стиле, уподобляясь, впрочем, в этом случае большинству соотечественников, которые, часто ни к чему не подготовленные, берутся, тем не менее, за какую угодно должность и, несмотря на отсутствие всяких способностей, всегда ухитряются извлечь для себя выгоду; дайте им чугунный котел, резеду, сушеную муху, они и тут сумеют выдавить сок; дайте им затем решето, яйцо и осиновое полено, они и здесь непременно что-нибудь для себя выгадают.

Зиновьев в этом отношении никуда не годился; товарищи совершенно справедливо называли его блаженным византийцем. Для него художество стояло на первом плане; вопросы искусства увлекали его и ими замыкался его горизонт. Несмотря на огромную начитанность и художественное образование, пополненное долгими работами в Италии, он стал бы в тупик, если б ему предложили строить казармы; с свойственною ему скромностью, он поспешил бы отказаться. Лета убелили его волосы, но чудом каким-то сохранили в нем юношескую теплоту сердца, чувствительность ко всему прекрасному, способность увлекаться иногда так сильно, что Сережа, его юный племянник, посматривал на него с удивлением. Так бывало особенно, когда старик начинал развивать свою любимую тему о том, что бы он сделал, если б на его долю выпал когда-нибудь случай строить церковь в греко-византийском стиле. Боже мой, сколько было накоплено материала! Сокровища лежали в папке! Все бы пошло тогда в дело, нашло бы себе место, увидало бы свет! Тут одно за другим выступали всегда описание чудных равеннских мозаик, красот орнаментации в храме св. Софии, величавого характера св. Марка в Венеции. Разгорячаясь более и более, Алексей Максимыч кончал все тем, что готов был даром, - да, даром строить, был бы только случай исполнить любимую, заветную мечту целой жизни.

Виноват ли был племянник, который, быв давно учеником академии, разболтал о желании дяди; виноват ли был сам Алексей Максимыч, не стеснявшийся передавать мечты свои посторонним лицам, но мечты эти мало-помалу распространились. В то время, как Зиновьев меньше всего ожидал, желание его осуществилось.

За три года до настоящего времени он получил любезное приглашение пожаловать для переговоров к Ивану Иванычу Воскресенскому. Имя Воскресенского в то время было уже всем известно. Зиновьев не сомневался, что его будут просить, - как это уже не раз случалось, - принять даровое участие в какой-нибудь работе с благотворительной целью. Догадки его, отчасти только оправдались; дело действительно шло о благотворительном учреждении, но заключалось в сооружении при нем церкви на пожертвованные деньги. Пока речи еще не могло быть о характере архитектуры; требовались только проект, планы и смета.

Алексей Максимыч не удовольствовался таким требованием; так как материала было у него заготовлено хоть на пять церквей, - стоило только подобрать рисунки и привести их в известный масштаб, - он присоединил к назначенной работе целую коллекцию раскрашенных детальных частей и разрезов.

Хотя Воскресенский ровно ничего не понимал в искусстве, он ахнул, однако ж, когда Зиновьев раскрыл перед нии свою папку. Его особенно поразило здесь не столько звание и воодушевленная, мастерская работа художника, сколько быстрота, с какою все это было изготовлено.

Всякий раз, как Иван Иваныч встречался с предметом, о котором не имел понятия, - а это случалось весьма часто, - он никогда не высказывал своего мнения, но выжидал всегда, чтобы кто-нибудь другой прежде высказался. Он незаметно наводил разговор на незнакомый предмет, давал возможность исчерпать его до дна и тогда уж возвышал голос. Так было и теперь. Узнав, что стиль церкви "греко-византийский", он поощрил Зиновьева к дальнейшим объяснениям. Прислушиваясь к рассказам о красотах св. Софии и величии Равеннского собора, Иван Иваныч старался запомнить самые характерные выражения; они были необходимы ему, так как, прежде всего, он думал представить рисунки с-глазу-на-глаз графу и графине. Он просил архитектора оставить ему его работы на один день для "соображений", как он выразился.

Несколько дней спустя решено было, за подписью графа и членов совета, передать постройку Зиновьеву.

Когда слух о том распространился между архитекторами, многие из них пришли в негодование; по их мнению, надо было назначить конкурс, выбрав жюри из лиц их же кружка. Другие, лукаво подмигивая друг другу, положительно утверждали, что в таком решении греко-византийский стиль был решительно ни при чем; что даже самый факт дешевой сметы Зиновьева против сметы, поданной для той же постройки архитекторами, не играл здесь решительно никакой роли; все это были мелочи, перед которыми (примеры были перед глазами) не остановился бы практический Иван Иваныч. Все дело, - так они утверждали, - было гораздо проще; оно заключалось в наивности блаженного византийца, - наивности, которую Иван Иваныч мог эксплоатировать сколько угодно, пока не явится другой, еще более наивный, или такой, который ловко подъедет к Ивану Иванычу и сам проведет его. Надо полагать, все это больше говорилось из зависти,

Как бы там ни было, с наступлением весны Алексею Максимычу открыт был кредит, и он приступил к постройке.

IX

В субботу утром Алексей Максимыч отправился на постройку раньше обыкновенного. Он торопился вовсе не потому, что в этот день обещали приехать Воскресенский и его ассистенты Бабков и Лисичкин. Посещение этих лиц не беспокоило его, но и не радовало. Художников он мало знал; они, притом, не будучи ему сочувственны, не внушали ему уважения своими работами и мнения их не имели в глазах его значения. Иван Иваныч ничего не понимал в искусстве; он был в нем, как лососина на цветочной выставке.

Другая причина привлекала Зиновьева на постройку: внутренность церкви только накануне совсем освободилась от лесов; он успел уже вчера выяснить себе в общих чертах, насколько исполнение отвечает задаче; но работы кончились поздно: все-таки не было возможности дать себе, как бы хотелось, полного, сознательного отчета в художественном впечатлении целого; в придачу, день накануне был пасмурный. Он спешил сегодня, рассчитывая воспользоваться ясным солнечным утром.

Церковь была пуста, когда вошел в нее Алексей Максимыч; маленькую дубовую дверь в главном портале отворил ему сторож, старый солдат, помещавшийся с женою и детьми в подвальном этаже, предназначенном для служителей и их семейств, в главном корпусе будущего центрального благотворительного учреждения. Зиновьев отпустил его, сказав, что присутствие его у двери потребуется не раньше двенадцати часов, так вак только к этому времени прибудут гости.

Алексей Максимыч остался очень доволен тишиною, его окружавшей; она позволяла сосредоточиться и ясно определить впечатления.

Заняв место у главной входной арки, откуда глаз свободно обнимал всю внутренность церкви, старый архитектор несколько минут простоял в немом неподвижном оцепенении, стараясь сосредоточить свое внимание. Сердце его билось; он почувствовал на лице жар от охватившего волнения. Мало-помалу черты его успокоились, дыхание стало свободнее. Он не хотел себя обманывать: час дня и выгодное освещение, конечно, прибавляли к хорошему впечатлению; лицо его, тем не менее, оживилось улыбкой; в груди его встрепенулось давно неиспытанное чувство и подступило ему к сердцу; ноздри его задвигались, ресницы прищурились и что-то едко защекотало его в углах глаз; не успел он прикоснуться к ним пальцами, как две слезинки побежали вдоль щек, быстро расплываясь в мелких морщинках.

Было всего девять часов утра; косые лучи солнца, перехваченные тонкими колоннами галереи второго этажа, обдавали внутри здания всю левую его часть, оставляя другую половину в полусвете, смягченном отражением светлых стен и пола, собранного в клетку из белого и серого камня. В этом теплом отражении, - но только темнее его тоном, - круглились боковые арки и своды, усыпанные золотыми звездами но синему нолю. Внизу, вокруг всей церкви обходил пояс, гладко оштукатуренный под порфир, красно-бурого цвета; отсюда начиналась живопись; стены сплошь были ею покрыты; Алексей Максимыч собрал здесь все, что было лучшего и характерного в древне-греческом искусстве; отдельные лики святых, цельные изображения, сцены из священного писания рядами наполняли здание, выделяя свои очертания и краски на золотом фоне, разделанном под мозаический набор; в верхних рядах живопись казалась уже совсем темною; золото, наоборот, светлее выказывалось, приближаясь к потолку, выведенному плоско, с поперечными балками, расписанными красками и золотом, как в древних базиликах. Внутренний вид церкви особенно оживлялся цветным орнаментом, писанным также на золоте; он служил рамкой для стенной живописи, огибал все фризы, арки и ребра сводов, упиравшихся на золоченых капителях с расписанными колоннами.

В этом блеске красок и мерцании позолоты ничего не было поражающего пестротою; Алексей Максимыч больше всего этим тревожился; он мог теперь успокоиться: мастерское распределение красок и золота нигде не нарушало гармонии целого; все соединялось как нельзя удачнее и производило тот светлый, торжественный, но спокойный аккорд, которого так добивался художник.

Внимание его перешло тогда к алтарю - предмету особенной заботливости и попечения; но там, по-видимому, также все отвечало мысли строителя; там, в углубленном полукруглом пространстве, нарочно так рассчитанном, чтобы он оставался в полусвете во всякое время дня, величественно выступали строгие изображения апостолов и Спасителя, восседающего на троне; изображения эти, колоссального размера, писаны были во всю вышину стены, как в палатинской капелле в Палермо, и также на золотом фоне под мозаику; местами, в глубине, золото принимало цвет густого янтаря, за которым как бы поставили свечку; местами отражение соседних стен выдвигало тот или другой лик, сообщая углубленным частям алтаря тот таинственный оттенок, который еще в рисунках мерещился художнику.

Лицо Алексея Максимыча омрачилось тогда только, когда глаза его встретились с иконостасом. Последний действительно не удался. Но крикливая позолота и живопись слишком уже резко били в глаза и противоречили характеру других частей здания, чтобы можно было приписать такую ошибку архитектору; так, по крайней мере, должен был подумать каждый благомыслящий человек. Алексей Максимыч мало, однако ж, этим утешался; иконостас был для него тем же, чем было бы для матери бельмо или кривая нога у любимого детища. Но что было ему делать? В первоначальном проекте он хотел его оставить резным в натуральном цвете дерева; попечительный совет не допустил до этого, настоятельно требуя позолоты; Иван Иваныч, передавая волю совета, сказал, что таково было желание купца, пожертвовавшего деньги; неисполнение такого желания легко могло охладить рвение других жертвователей. То же самое произошло с образами. Напрасно, чуть не со слезами на глазах, убеждал Зиновьев, что этим все дело будет испорчено, что образа эти, своими рутинными формами и кондитерской живописью, нарушат гармонию целого, - попечительный совет, через посредство Ивана Иваныча, снова поставил вопрос ребром; образа Лисичкина были им пожертвованы и, во что бы ни стало, необходимо было их принять, чтобы поощрить жертвователя; образа, кроме того, как жертвованные, в значительной степени сокращали расход; архитектору было, конечно, все равно; имея в виду только красоту и гармонию, он готов был эгоистически принести им в жертву денежные интересы; попечительным советом, наоборот, управляла широкая общественная задача, заставлявшая каждого из его членов смотреть на пожертвованные деньги, как на свои собственные. Алексей Максимыч поневоле должен был покориться. Но не один попечительный совет отравлял ему сладость труда; чего стоила ему эта постоянная борьба против Ивана Иваныча, который, хотя мягко и вкрадчиво, но всегда назойливо старался примазать к постройке разных лиц, не имевших ничего общего с архитектурой и художеством. Цель Воскресенского была весьма понятна: ему хотелось доставить этим лицам случай получить награду впоследствии; но архитектору было не легче от этого. Зиновьев для своей цели горячо желал призыва суздальских живописцев; Воскресенский восставал против такого желания; согласие пришло после того, как Зиновьеву удалось успокоить Ивана Иваныча, нравственное чувство которого возмущалось тем, что все иконописцы горькие пьяницы и непристойно допускать их к делу благочестия. Суздальцы действительно пили мертвую; хлопот с ними было немало; но они, по крайней мере, безусловно повиновались указаниям, и живопись их отвечала характеру церковной архитектуры. Сколько раз, в самое кипучее время, приходилось отрываться от дела, чтобы исполнять частные даровые работы, делать рисунки для ковров, окладов, хоругвей, и т.д., - и все это только для того, чтобы поладить с Воскресенским, желавшим угодить разным благотворительницам, попечительницам и председательницам, которые страстно хотели жертвовать, но так, однако ж, чтобы жертвы обходились как можно дешевле.

В прошлом году Алексея Максимыча постигло горе, которое чуть было совсем его ее сокрушило. Вдова бывшего товарища по академии упросила его взять и число помощников сына; молодой человек прекрасно учился, отлично знал бухгалтерскую часть и, быв ее единственной поддержкой, находился теперь без места. Зиновьев сжалился, обласкал молодого человека и, приметив в нем старание и деятельность, мало-помалу, с свойственной ему доверчивостью, поручил ему вести приходо-расходные книги и рассчитываться с рабочими. Кончилось тем, что молодой человек обобрал его, как липку; в один прекрасный день в кассе недостало, - шутка сказать! - целых двух тысяч. Алексей Максимыч был близок к отчаянью. Что было делать? Подать жалобу в суд? Донести до сведения совета? Результатом была бы огласка; его доверчивость объяснили бы небрежением, нерадением к делу; как строитель церкви, он рисковал возбудить подозрения еще худшего сорта. Его могли лишить постройки, потому что лица, покровительствуемые Иваном Ивановичем, конечно, не попустили бы воспользоваться удобным случаем.

Движимый такими мыслями, Зиновьев решился оставить дело втайне; как ни горько было, он поспешил пополнить украденную сумму из скопленных трудовых денег. Никто ничего не узнал, кроме вдовы и самого вора, который, впрочем, перенес катастрофу не только равнодушно, но даже с некоторым достоинством; Алексей Максимыч не раз потом встречал его гуляющим с папироской и беспечно помахивающим тросточкой.

Зиновьев не вспомнил о врагах своих, подрядчиках, не перестававших ему насаливать в течение этих трех лет. Боже мой, что значили эти неприятности перед теми, какие пришлось испытать, особенно в последнее время, когда между ним и Воскресенским начались какие-то лицемерные отношения и, наконец, пошло явное недоброжелательство, сопровождавшееся, что ни шаг, новыми придирками; когда всякая мелочь должна была представляться попечительному совету и членам на обсуждение, от них переходить к Воскресенскому, от Воскресенского переходить на утверждение графа, при чем каждое из этих лиц, не отвечая ни на что точно и определительно, считало долгом заметить: "Что тут... как будто... было что-то... не совсем так... и лучше бы прибавить: а здесь, хотя и было ладно, но... казалось как будто... надо было что-то убавить..."

Но все эти воспоминания, случайно вызванные в памяти старого архитектора, промелькнули мимо, не возбуждая в ней ни желчи, ни раздражения. Он находил себя достаточно вознагражденным уже тем, что заветная мечта стольких лет не осталась праздною мечтою; она осуществилась, получила осязательную, желанную форму, дала удовлетворительный художественный результат; Алексей Максимыч недаром, стало быть, прожил; труды его не пропали; имя его останется...

Зиновьев был слишком скромен, чтобы придавать своей работе

преувеличенное значение. Он трудился много, трудился от всего сердца, с любовью, с увлечением, но относился к своему труду просто, не священнодействуя или не кутаясь в плащ глубокомыслия, как теперь часто делают художники, приступая к портрету чиновника или изображению мужичка, тупо созерцающего древесный, пень.

Не страдая излишком самолюбия, он не поддавался самообольщению. Он знал очень хорошо, насколько в построенной им церкви неуместно было гордиться самобытным творчеством. Все здесь было не им выдумано, давно создавалось веками и встречалось на множестве памятников греко-византийской эпохи. На долю его выпало только собрать и соединить материалы.

Но, рядом с этим, они представляли совершеннейшие образцы, и выбором их несомненно должны были управлять вкус и знание; простой смысл говорил здесь о трудностях, которые надо было превозмочь, чтобы распределить разрозненные части, связать их общим смыслом, приспособить их к настоящей задаче; здравый рассудок указывал, что тут трудом одним ничего не возьмешь: нужно было художественное дарование, нужен был талант, чтобы слить эти части в одно целое и привести их в полное, гармоническое сочетание.

Алексей Максимыч мог бы повторить себе то же самое и гордо приподнять голову; он ограничивался тем, что потирал руки и мягко, добродушно улыбался; но и того чувства, которое наполняло теперь согретое сердце, довольно было, чтобы вытеснить тяжелые воспоминания всех неудач, разочарований, обид и горьких испытаний. Все это прошло, слава Богу; оставалось утешаться и радоваться, именно радоваться, потому что перед глазами сияло во всем блеске произведение, - плод собственной мысли и труда, - а на душе было также светло, благодаря чистой совести и честным побуждениям.

В таком счастливом настроении духа находился старый архитектор, когда в глубине церкви зашумела дверь и в светлом ее пятне показались сначала Иван Иваныч, а вслед за ним Бабков и Лисичкин.

Алексей Максимыч пошел им навстречу.

X

Не успел он сделать трех шагов, как уже издали послышался разнеженно-умиленный голос живописца:

- Здравствуйте, дорогой, - дорогой и многоуважаемый Алексей Максимыч. Честь вам и славя! Честь и слава... Ах, какая прелесть!...

Зиновьев приветливо раскланялся с гостями и всем пожал руки; обратясь затеи к живописцу, он только прибавил:

- Погодите хвалить; дальше, может-быть, еще и не понравится...

- Нет, уж извините: отсюда уже вижу, какое наслаждение нас дальше ожидает! - с сияющим видом заговорил Лисичкин, придвигаясь вместе с другими к середине церкви. - Что я говорил? Как есть - праздник для глаз; сласть просто!

При этом он даже зачмокал губами, как бы действительно ощутил сладость во рту.

- Какой блеск! Сколько характера и, вместе с тем, какая везде гармония! - продолжал Лисичкин, останавливаясь в восторженном экстазе, но на самом деле поглядывая сбоку на свои образа в иконостасе.

Удовлетворив себя с этой стороны, он неожиданно принял намерение расцеловать Зиновьева, но серые его глазки встретились с прищуренными глазами Бабкова, и он остановился; восторг должен был, однако ж, чем-нибудь выразиться; он поспешно завладел рукою старика и, нежно пожимая ее между мягкими своими ладонями, снова стал обдавать его медом и елеем.

Бабков, между тем, продолжал молчать. Он всегда завидовал "находчивости лукавого блондина", умевшего притвориться к случаю, пригнать к нему подходящие слова, лицо и даже голос; Бабков, как известно, был человек прямой, основательный; прежде чем что-нибудь сказать, ему надо было осмотреться, взвесить, обсудить дело. Он ограничился пока тем, что осклаблялся во весь рот, когда встречался глазами с лицом Зиновьева, при чем показывал ряд крепких зубов, которые хотя никогда не чистились,- но белели между его толстыми губами.

Ивану Ивановичу нечего было высказывать своих впечатлений. Следя за постройкой и наезжая сюда время от времени, он давно успел вывести свои заключения. Он был, притом, умственно и нравственно озабочен: в три часа надо было ехать в заседание, временно председательствовать и провести весьма сложный вопрос. Кроме того, ему сегодня как-то нездоровилось; а тут еще эти сырые степы новой, только что отстроенной церкви, сжатый воздух, пропитанный запахом извести и красок! Несмотря на резиновые калоши, он почувствовал холод в ногах, едва переступил порог паперти. Все это, естественно, не могло способствовать хорошему расположению духа. Бережливо кутаясь в теплое пальто с приподнятым воротником, углубляя подбородок в шерстяное кашне, он с нахмуренным видом следовал за художниками, упрашивая их идти вперед и не стесняться его присутствием.

Беседа их, по-видимому, мало его занимала; уловляя на лету восторженные восклицания Лисичкина, он направлял в его сторону белые зрачки свои, смотревши выше очков, и что-то похожее на улыбку появлялось тогда на губах его. Остальное время черты Ивана Иваныча сохраняли унылую неподвижность; на вытянутом, болезненно-золотушном лице ничего нельзя было прочесть, кроме скуки и того брезгливого выражения, какое встречается чаще всего на лицах людей, заседающих в комитетах и вынужденных возвращаться к вопросам, давно разрешенным и подписанным.

Осмотр постройки продолжался около часу.

Воскресенский присоединился к общей группе, когда художники возвратились к прежнему месту, на середину церкви.

В эту минуту голоса присутствующих неожиданно смолкли. Всеми овладела вдруг не то неловкость, но скорее какое-то колебание, точно каждый хотел сказать что-то, но не решался начать. Воскресенский, державшийся похвального обычая выслушивать чужие мнения, прежде чем высказать собственные, вопросительно посматривал на Лисичкина и Бабкова; те, в свою очередь, поглядывали на Воскресенского, выразительно показывая глазами, что прежде желали бы услышать его слово.

Молчаливый, но полный телеграфного значения обмен этих взглядов, хотя и прошел незаметным Зиновьева, но молчание присутствующих, видимо, его стесняло.

- Прекрасно-с... Очень хорошо-с, разрешился наконец, Иван Иваныч, произнося слова носовым голосом и умышленно их растягивая, с тем успеть обдумать то, что хотел сказать. - Мне присоединиться к господам художникам, коллегам вашим, и повторить вместе с ними: прекрасно-с.

- Мне остается только радоваться, весело возразил Зиновьев.

Иван Иваныч медленно снял замшевую перчатку с правой руки и подал ее старому архитектору.

- Об одном разве пожалеть можно, прибавил он, отводя глаза в другую сторону. - Я, впрочем, уже прежде сколько раз упоминал вам об этом, уважаемый Алексей Максимыч!..

- Скажите, живо подхватил Зиновьев, - вы знаете, я всегда исполнял ваши желания и советы; время еще есть: можно исправить.

- Нет, то, что я хотел сказать, не касается вовсе искусства; я выражаю только сожаление, что раньше не поспело... Освящение церкви, вы знаете, назначено было к Святой; мы теперь в июне... и... и все еще не готово!.. Посмотрите-ка, сколько еще остается работы...

Работы оставалось совсем не много: надо было, на входе в церковь, достлать пол, который пока забран был досками; оставалось положить ступени для соединения алтаря с церковью и украсить их балюстрадой; последняя была, впрочем, совершенно готова и частями сложена по углам; на одной из нижних боковых арок недоставало также расписного орнамента. Но все это не стоило даже упоминания и если кого-нибудь надо было винить в этом, во всяком случай не архитектора, а скорее Воскресенского, который в последние три месяца всячески старался задерживать окончание постройки. Кредит Алексея Максимыча настолько был вдруг сокращен, что он едва мог рассчитаться с поставщиками материала и рабочими.

Как ни прискорбно было старому архитектору, он терпел, - терпел, ободряя себя надеждой, что совет (Иван Иваныч всегда на него ссылался) и сам Воскресенский поймут, наконец, всю несообразность останавливать работы перед самым их окончанием. Старания его изведать настоящие причины такого распоряжения остались бесплодны. Ему постоянно повторяли: "денег нет, подождите!" И, между тем, его же теперь обвиняли!

Слова Воскресенского задели его за самое больное место. Он на этот раз уже не выдержал. Сначала сдержанно, но потом вдруг разгорячаясь, так что краска выступила на щеках, он высказал Ивану Иванычу все то, что давно накипело в его душе.

Как только начались эти объяснения, Бабков и Лисичкин осторожно отошли в сторону. Показывая вид, что осматривают детали украшений, оба начали производить в воздухе фантастические пояснительные жесты; они продолжали упражняться пантомимой до тех пор, пока не рассудили, что пора поспешить на выручку Ивану Иванычу.

Он поблагодарил их взглядом; но глаза его тут же опустились и выражение смирения, с каким истинному христианину подобает выслушивать горечь несправедливых обвинений, изобразилось в чертах его.

- Вот, господа, упавшим голосом проговорил он, обращаясь к подошедшим художникам, - оказывается, меня теперь винят в том, что церковь не поспела к сроку...

- Я не говорю, что вы собственно виноваты, подхватил Зиновьев, заметно смягчаясь, - я повторяю, что так как все от вас зависело и зависит, вы могли бы больше содействовать...

- Позвольте, многоуважаемый Алексей Максимыч, продолжал Иван Иваныч тихим голосом, отвечавшим кроткому выражению его лица, - вам не угодно вникнуть в одно обстоятельство; скажу более; вы его совсем забываете; если мне было поручено заведывание постройкой, то это потому собственно, что так было угодно совету... Здесь совет хозяин... Власть моя ограничена... На каждом шагу, встречаются обстоятельства, которым я, скорбя душевно, - именно душевно, - должен покоряться... В

62

деле этой постройки (Иван Иваныч печально обвел глазами стены церкви и подавил вздох) мною, как всегда, впрочем, руководило одно чувство: желание добра и пользы!.. Хотя мы знакомы не со вчерашнего дня, Алексей Максимыч, но, по-видимому, вы меня еще не знаете, подхватил он, как бы растроганно и с сожалением. - Я вам помешал! Я не содействовал! И в чем же? В достижении богоугодной, благочестивой цели?!. Позволю себе сказать: я бы желал видеть вас более справедливым! Если я позволял себе иногда торопить вас; если сегодня еще высказал сожаление, что церковь не готова, то и здесь, поверьте, скорее действовал в видах вашего же собственного интереса... Граф чуть ли не каждый день спрашивает и всякий раз сердится...

- Желал бы я посадить его на мое место; посмотрел, что бы он тут сделал! воскликнул Зиновьев, снова начинавший горячиться.

- Успокойтесь, успокойтесь, многоуважаемый Алексей Максимыч, вмешался Лисичкин, - вы должны, вы можете быть спокойны! Вы поставили себе памятник! Мы сейчас говорили об этом: прелесть! Честь вам и слава! Честь и слава! подхватил он, овладевая рукою старика и нежно пожимал ее между ладонями.

- Полноте, батенька, уговаривал со своей стороны Бабков, - я человек простой, никаких этих закрутасов не знаю; прямо скажу: отменно, отменно отличились! Соорудили, так сказать, в честь свою... Какой тут граф? Тут вы, батенька!

Иван Иваныч, желавший прекратить как можно скорее объяснения, вынул часы и прибавил, стараясь придать своим чертам смиренно-грустное выражение:

- Именно сожалею, что вам угодно было объяснить себе таким образом слова мои... Единственным желанием моим всегда было... и будет - угождать вам... Я постарался бы окончательно оправдать себя в глазах ваших, но, к сожалению, должен теперь торопиться; у меня сегодня заседание в три часа... Остается искренно поблагодарить вас за удовольствие, которое вы нам доставили; говорю нам потому, что господа художники такого же мнения...

- Еще бы! Повторяю: честь и слава Алексею Максимычу! Отменно, батенька, спасибо! - заговорили в одно время Бабков и Лисичкин, подступая к Зиновьеву, который провожал Воскресенского.

На паперти Иван Иваныч снова взглянул на часы и остановился.

- Перед уходом позвольте мне еще раз повторить вам, многоуважаемый Алексей Максимыч: вы, я вижу, меня еще не знаете... не знаете! промолвил он, как бы глубоко сожалея об этом. - Если бы вы меня лучше знали, поверьте, вы были бы ко мне справедливее... Он хотел еще что-то сказать, но опять вздохнул и, пожелав присутствующим всего хорошего, начал осторожно спускаться по ступенькам паперти. Бабков и Лисичкин хотели было поддержать его, но он смиренно поблагодарил их, прибавив: "У меня есть свободное место, господа; не угодно ли кому-нибудь?"

Как живописцу, так и Бабкову желательно было воспользоваться предложением; но они переглянулись и поняли, что тот, кто займет место, легко может увлечься случаем и изменить другому. Не желая, вероятно, нарушать прямоты взаимных отношений, они предпочли отказаться; поблагодарив Ивана Иваныча, оба сели рядом на дрожки и, подхватив друг друга за талию, покатили вслед за коляской.

XI

Заседание, назначенное в три часа и ожидавшее Воскресенского, не переставало его озабочивать во все продолжение дороги. Он привык председательствовать; но дело было не в этом: ему предстояло сегодня провести вопрос, принадлежащий к числу так называемых деликатных и поэтому самому весьма затруднительный.

В делах общества "Спасительного влияния труда для преждевременно погибших" обнаружились на днях большие беспорядки; требовалось, во что бы то ни стало, принять скорее энергические меры и придти ему на помощь. Участие здесь Ивана Иваныча было частью против его воли, вынужденно, частью обязательно, - обязательно в том отношении, что помянутое общество было ему не совсем чужое. Он изобрел его года полтора тому назад по просьбе княгини Любич, двоюродной сестры графини Можайской.

Мысль княгини была прекрасная: ей хотелось дать какое-нибудь занятие и сколько-нибудь развлечь старшую дочь, тосковавшую после потери любимого мужа. Но вдова скоро утешилась, выйдя вторично замуж, и обязанность председательницы взяла на себя вторая дочь княгини, госпожа Турманова.

Сначала Воскресенский принял живое участие в судьбе возникшего общества: старался руководить светской неопытной председательницей, сделал несколько полезных предложений, попробовал поместить двух своих знакомых - одного в качестве секретаря, другого в качестве кассира; но председательница слушала его рассеянно, к предложениям его отнеслись невнимательно, знакомым его отказали, избрав вместо них каких-то ветрогонов. При самом начале общество так уже складывалось, что, на опытный глаз Воскресенского, не предвещало в будущем ничего прочного. Его составляли в большинстве светские молодые люди и молоденькие дамы, - diables roses, diables bleux, как они сами себя прозвали после первого замаскированного бала, данного в пользу общества: на этом бале одна половина дам условилась быть в розовых платьях, другая половина в голубых. В числе женского пола находилось также несколько богатых купчих и банкирских жен, давно горевших желанием втереться в круг большого света и искавших для этого удобного случая; их принимали и терпели потому, что они давали много денег. В целом своем составе общество представляло скорее светский кружок, в котором сущность дела служила только предлогом для увеселений, маскарадов, домашних спектаклей, балов и базаров; главные деятели держали себя так исключительно, что когда в число членов попадало лицо, не принадлежавшее светскому кругу, оно уподоблялось тяжеловесному индюку, случайно забежавшему в клетки прыгающих и щебечущих птичек.

Серьезному человеку, очевидно, не могло быть тут места; Иван Иваныч искал уже благовидного предлога, чтобы отказаться от звания члена, когда в первых числах июня председательница, госпожа Турманова, неожиданно собралась за границу; ближайшие ее помощники, секретарь и казначей, уехали уже прежде, оставив ей на руки кассу и книги. Не зная решительно, что делать с этим добром, г-жа Турманова передала его княгине-матери и, ничего не объяснив ей основательно, уехала в Баден-Баден, куда настоятельно призывали ее письма друзей.

Княгиня-мать, не зная также, что делать с добром общества, обратилась за советом к двоюродным сестре и брату, графу и графине Можайским.

Известие о неожиданном отъезде двоюродной племянницы и ближайших ее помощников, так легкомысленно бросивших вверенное им общество на произвол судьбы, привело графа в сильное негодование. Он объявил, что такой поступок неизбежно навлечет нарекание со стороны членов общества, - нарекание тем менее желательное, что коснется лиц высшего круга, - и когда же? - когда именно следует поддерживать этот круг в видах известного принципа. "Если к этому, - строго прибавила графиня, - милые друзья Зизи (так звали г-жу Турманову) и сама она что-нибудь напутали в делах этого общества, - предположение более чем вероятное, - и если кому-нибудь случайно попадется на глаза эта путаница..." - но графиня не докончила при виде испуга на лице двоюродной сестры; ей не хотелось также окончательно расстраивать брата, начинавшего с первых ее слов выказывать знаки возраставшего неудовольствия.

Решено было тут же послать курьера за Воскресенским. "C'est homme!"

- воскликнул граф, мгновенно ободряясь. По его мнению, один Иван Иваныч мог дать совет, мог выручить, если б в самом деле эти ветрогоны что-нибудь напутали. Стоило передать Воскресенскому оставленные бумаги, попросить его просмотреть их, взять на себя во время отсутствия Зизи роль председателя, - не о чем было бы больше беспокоиться. Преданность его графу и графине известна; на знание дела и скромность также можно положиться.

Как только приехал Воскресенский и узнал, в чем дело, лицо его приняло печальное выражение; ему предлагали то именно, чему он давно не сочувствовал, от чего скромно желал удалиться; при виде его лица предчувствие чего-то недоброго невольно закралось в душу графа, и он не шутя встревожился. Просьба его стала еще настоятельнее; к нему присоединились графиня и двоюродная ее сестра, графиня Любич. Все трое принялись уговаривать, придавая просьбе характер личного одолжения. Решимость Ивана Иваныча поколебалась; он согласился. Ему тотчас же переданы были дела и деньги общества.

Первым его распоряжением было пригласить двух доверенных лиц - одного для временного исполнения должности бухгалтера, другого временно в должность секретаря; затем им было поручено ознакомиться подробно с делами.

В тот самый день, когда Иван Иваныч возвратился домой на дачу после приемного утра графа, он застал у себя этих двух лиц. Они сообщили, что в кассе общества открылся значительный недочет. Тут, очевидно, не было никакого злого умысла, никто деньгами, конечно, не воспользовался; всему быль виноват беспорядок в ведении дел, потому что такого сумбура, как тут, им никогда еще не приводилось видеть: казначей, какой-то г. Авениров, выдавая деньги, часто забывал их вписывать в расход; в книгах секретаря, барона Фук, - там, где требовалось вписывать журнал заседаний, - попадались пробелы на целых страницах; расписки, - там, где они встречались, - были большею частью без числа и номера; на многих значился расход, но не надписано было, за что были выданы деньги, - словом, путаница была совершеннейшая; в ней участвовали все решительно, начиная с самой председательницы и кончая последним членом комитета, г. Чиндаласовым, тем самым, который, не далее как нынешнею весною, сломал себе два ребра на царскосельских скачках. В конце концов, обнаружился тот факт, что в кассе невозможно было досчитаться трех тысяч.

Иван Иваныч ожидал этого; предчувствия его не обманули.

Дело главным образом неприятно было в том отношении, что оно могло огласиться, могло бросить тень, возбудить недоверие к ведению дел в других благотворительных обществах, находившихся под его управлением и покровительствуемых графом. Он решился ничего не говорить до поры до времени графу и графине, зная вперед, что оба подымут тревогу: немедленно напишут двоюродной племяннице; та ответит, напишет своим приятельницам; те разнесут весть и кончится все неблаговидной историей, к которой, пожалуй, приплетут и его имя. Он предпочел исправить дело домашним образом.

Когда, несколько дней спустя, граф осведомился о том, в каком положении дело, Иван Иваныч спокойно возразил, что пока ничего не нашел особенного, кроме некоторой путаницы.

- Убедительно прошу вас, Иван Иваныч, не выпускать дела из рук ваших, пока оно не будет приведено в строжайший порядок, сказал граф торопливо и озабоченно. - Прошу вас сделать это в личное для меня одолжение... Все мы будем вам благодарны!

Воскресенский, успевший уже составить себе план действий, поспешил успокоить Графа.

В числе различных предположений и проектов, сочиняемых Иваном Иванычем для пользы страждущего человечества, находился один, которому придавал он особенное значение. Многолетняя практика привела его к убеждению, что лучшим способом приобретать богатых жертвователей и щедрых членов для благотворительных обществ было бы дозволить этим обществам раздавать красивые серебряные и золотые значки или жетоны в виде кружков, или еще лучше звездочек с эмалевой надписью на одной стороне, а на другой - какой-нибудь интересной аллегорией, например, фигурой милосердия, держащей в правой руке рог изобилия, между тем как левая рука, не желая знать, что творить правая, усиленно прячется за спину. О ношении такого знака в петлице нечего было думать. Достаточно было бы прицеплять его к часовой цепочке или носить при себе в жилетном кармане и показывать при встрече знакомым: "Смотрите, дескать, что у меня есть, что я получил!.."

Лелея свою мысль и приберегая ее для важного случая, Иван Иваныч решился ею пожертвовать в пользу общества Спасительного влияния труда для преждевременно погибших. Он делал это скрепя сердце, движимый не столько врожденным великодушием, сколько желанием лишний раз доказать свою преданность графу и членам его семейства.

Выхлопотать позволение издать жетоны было не трудно; несравненно труднее было воспользоваться позволением в летнее время, когда в городе никого почти не было. Охотники до жетонов, конечно, не уйдут; придет зима, - они сами собою явятся; но пока все это в будущем; в настоящем требовалось сейчас же найти те три тысячи, которых недоставало в кассе. Откуда взять эти деньги? Как помочь горю? - "Можно", ответил без замедления находчивый ум Воскресенского. По его мнению, оставалось одно средство: заказать немедленно тысячу жетонов; каждый обойдется обществу, положим, в пять рублей. Но стоить призвать изведанного Блинова, переговорить с ним с глазу на глаз, - и отыщется ювелир, который, за почетное вознаграждение, согласится принять заказ, подпишет счет в пять тысяч, но, в сущности, исполнить его менее чем за половинную цену. Такие примеры уже неоднократно бывали. В результате получатся, следовательно, требуемый три тысячи. Придет зима, жетоны пустятся в оборот; общество не только возвратить себе истраченную сумму, но даже обогатится со временем.

Оставалось еще одно затруднение: собрать в июле месяце достаточное число членов общества, чтобы могло состояться заседание. Относительно того, чтобы получить согласие членов, Иван Иваныч не очень беспокоился; он считал всегда июль месяц самым удобным для проведения трудных вопросов; уже одно то, что члены собираются в небольшом количестве, в общем их настроении чувствуется всегда больше расположения к буколике и даже лени; споров, препирательств никогда почти не бывает; многие, обдаваемые потом, засыпают при начале дебатов; других соединяет одна общая мысль: как бы только скорее отделаться. Случалось иногда, что никто не приедет, и заседание не могло состояться; но в настоящем случае вряд ли можно было этого ожидать; все меры были заблаговременно приняты. Иван Иваныч, тем не менее, чувствовал томление под ложечкой и лицо его выражало озабоченность. Он ободрился, увидев несколько карет и дрожек у подъезда дома, где должно было происходить заседание. У входа в верную комнату он встретился с поджидавшим его Блиновым, протянул ему руку и, в то же время, бросил взгляд в соседнюю комнату, двери которой были открыты. Десятка полтора дам и мужчин, разделившись на группы, сидели н прогуливались по обеим сторонам длинного стола, покрытого синим сукном, с правильно разложенными на нем листами бумаги и карандашами; на дальнем конце доверенные лица Ивана Иваныча, исполнявшие должности секретаря и казначея, перебирали бумаги.

Иван Иваныч отодвинулся н сторону, так чтобы не могли его заметить, и обратился к Блинову:

- Ну, что? спросил он, понижая голос.

- Посчастливилось! нашел! возразил Блинов, представлявший из себя рослого, плотного белокурого мужчину лет сорока, обстриженного a la russe, с румяным лицом гостинодворского молодца; оно оживлялось небольшими глазками, такими же светлыми и быстрыми, как у сокола; он был в форменном вицмундире; на отвороте красовалась цепочка, увешанная знаками отличия, между которыми виднелся персидский орден, полученный за доставку в Тегеран дарового цибика чая.

- Благодарю вас, благодарю, сказал Воскресенский, продолжая говорить шопотом. - Вы с ним основательно переговорили? Соглашается?

- Вполне согласен-с.

- Надо, однако ж, знать, какие его условия?

- Просит выхлопотать герб на вывеску...

Требование ювелира затруднило, по-видимому, Ивана Иваныча; лоб его нахмурился; белые зрачки показались над краем очков и задумчиво поглядели вбок.

- Можно ли на него вполне положиться? спросил он.

- Отвечаю как за себя собственно-с...

Иван Иваныч снова задумался, как бы соображая о чем-то; но время не позволяло углубляться в долгие размышления.

- Хорошо, скажите ему; я согласен! проговорил он решительно. - Сегодня вечером привезите его ко мне для окончательных переговоров; смотрите, сегодня же... дело не терпит отлагательства...

В эту минуту временный секретарь, завидя издали Ивана Иваныча, показался в дверях.

- Вы очень кстати, сказал Воскресенский, - сколько членов комитета?

- Всего пять...

- Ничего, я шестой; собрание, по уставу, может состояться... Все ли у вас там готово?

- Все-с.

- Хорошо, ступайте туда; я сию минуту...

Но тут Иван Иваныч был неожиданно остановлен членом Комитета, госпожой Бальзаминовой, которая, как только его увидела, бросилась ему навстречу и, томно склонив голову, с мольбою в глазах и на лице, протянула ему об руки.

Госпожа Бальзаминова, лишившаяся мужа десять лет тому назад, не снимала с тех пор траура, убедившись, что черный цвет необыкновенно шел к ее круглому лицу, придавая ему интересную бледность; не производя, однако ж, никакого впечатления, она поэтому, вероятно, казалась всегда чем-то обиженной и готовой расплакаться; плакать, собственно, было не о чем: муж оставил ей прекрасное состояние и, несмотря на свои сорок лет, она пользовалась отличным здоровьем; слезливость могла также происходить от избытка чувствительности ее сердца: она постоянно болела за всех, отзывалась на все страдания, надрывалась от бессилия помочь всему страждущему человечеству. Сердце влекло ее рассыпать благодеяния не только в России, но и в Германии, куда ежегодно отправляла она в какое-то общество милосердия фунт сигарных обрезков, выпрашиваемых ею у всех, с кем только встречалась; щедротами ее пользовались круглый год безразлично все благотворительные учреждения Петербурга: комитет "призрения слепых старух" аккуратно получал от нее все носовые платки, выходившие из употребления; в больницу "Излечи мои недуги" посылала она то корпию в письменном конверте, то скляночку клюквенного морса; в "детский сиротский приют" отправляла всегда к Рождеству полфунта чаю и на каждого ребенка по два сухаря и по куску сахара; дом "трудолюбия" пользовался от нее старыми гарусными подушками, из которых можно было сделать подобие моха на кружки, куда становятся лампы; базары с благотворительной целью не знали, куда деваться от ее пожертвований. Она постоянно хлопотала о помещении в то или другое заведение какого-нибудь страждущего или неимущего; там пристроила свою кухарку, неожиданно лишившуюся зрения, здесь приютила сына кучера в награду за его усердие еще при жизни покойного мужа.

Она спешила теперь к Ивану Иванычу, имея настоятельную просьбу об определении двух девочек-сироток, оставшихся у нее на руках после смерти любимой прачки.

- Милый Иван Иваныч, милый, вы не откажете... проворковала она, пожимая ему руки.

- Все устрою, все... Только вот что, Любовь Николаевна: я делаю сегодня одно предложение; поддержите его...

- О, еще бы! еще бы! Можете ли вы предложить что-нибудь, на что бы нельзя было согласиться!

- Очень любезно с вашей стороны... Но, Любовь Николаевна, мы поговорим о вашем деле после заседания... Теперь нам пора...

- Пойдемте, пойдемте! Они вместе вошли в залу.

Ивана Иваныча тотчас же окружили. Раскланиваясь и пожимая руки, он, почти не останавливаясь, направился к высокой худощавой даме с восточным орлиным носом и энергическим взглядом. Это была княгиня Чирикова, также член комитета и, кроме того, председательница общества "Снабжения даровыми кормилицами служащих семейных лиц, получающих не свыше полуторы тысячи годового оклада". Она известна была всему Петербургу тем еще, что каждый, кто ей представлялся, получал, по три раза в течение зимы, конверт со вложением приглашения на ее базар и билета с надписью: цена пять рублей. При ее большом состоянии она могла бы действовать гораздо проще, именно: уделять на свое общество две-три тысячи из собственного кармана; но княгиня почему-то избегала этого способа, предпочитая ему тот, которым руководствовалась.

- Получила ваше приглашение и видите: приехала! с достоинством промолвила княгиня, делая глазами знак, приглашавший собеседника отойти несколько в сторону. - Но... но за это вы, надеюсь, не откажете в моей просьбе, добавила она, понижая голос.

- Приказывайте, княгиня...

- Вы поможете мне устроить одно дело..

- Душевно буду рад...

- Душевно или нет, но дайте слово...

- Вы, в свою очередь, не откажете поддержать в заседании мое предложение?

- Заранее согласна; только слово, дайте слово.

- Извольте, даю слово! Не угодно ли будет занять место, княгиня? Мы сейчас начнем... Милостивые государыни, господа, не угодно ли будет занять места? возвысив голос, проговорил Иван Иваныч, любезно указывая присутствующим на ряды стульев.

Княгиня, г-жа Бальзаминова, знакомый уже нам Стрекозин, его товарищ, красивый камер-юнкер, которому отец отказал в деньгах на поездку за границу, и еще некто барон Шлиссельбург, непременный член всех возможных обществ, никогда ничего не говоривший, но приезжавший всегда первым и уезжавший последним, заняли ближайшие места, как члены комитета. Дальше разместились остальные члены; между ними рельефно выдвигалась толстая г-жа Шилохвостова, которая уже теперь тяжело дышала от жары и также от беспокойства, чтобы пот, струившийся по ее лицу, не причинил повреждений ее румянам и пудре.

- Милостивые государыни, милостивые государи, заседание открыто! проговорил Иван Иваныч, придавая лицу скромное выражение человека, который тяготится видною ролью, но, в то же время, незаметно спрятал под стол левую руку и выразительно прижал указательным пальцем колено временного секретаря, сидевшего подле на углу стола рядом с казначеем.

Секретарь встал и приступил к чтению отчета о деятельности общества за последнее полугодие. Не отступая от данной ему инструкции, секретарь умышленно растягивал каждую фразу и останавливался, покашливал, на каждом периоде. Инструкция, внушенная заблаговременно секретарю и казначею, имела целью продлить заседание до последней возможности. Вопрос о жетонах должен был явиться к концу, когда уже не останется сомнения, что члены изнемогают от жары и усталости, осовеют от тоски и готовы на что угодно, лишь бы только их отпустили.

Чтение отчета успело уже отчасти произвести свое действие; действие это приметно усилилось при чтении казначейского отчета. Последний сделал известным, между прочим, что, хотя в кассе общества, несмотря на излитые благодеяния в течение шести месяцев, состоит налицо двадцать одна тысяча (о недостающих деньгах не было упомянуто), но вообще дела общества нельзя назвать вполне блестящими и желательно было бы изыскать средства для их улучшения.

На этом можно бы остановиться и приступить к делу: большая часть членов сидела, как опущенная и воду; у всех почти лица багровели и лоснились; на одних изображалось томление, на других проступали явные знаки нетерпения; но Иван Иваныч этим, по-видимому, еще не удовольствовался,

- Милостивые государыни, милостивые государи! провозгласил он, привставая и упираясь ладонями на край стола, - позвольте мне сделать одно предложение: так как теперь самое жаркое время, все, кроме того, живут за городом и собираться очень трудно...

- Да... да!.. правда!.. Весьма трудно!.. раздалось в разных концах.

- Поэтому самому не угодно ли будет воспользоваться минутным перерывом, чтобы теперь же сообщить ваши замечания?.. Обсудив их, мы могли бы ограничиться сегодняшним заседанием и не собираться больше до приезда многоуважаемой председательницы, то есть до осени... И так, не угодно ли будет?.. Вы, кажется, имеете что-то сказать? обратился он, почтительно наклоняясь к княгине, которая выказывала знаки нетерпения.

- Да, Иван Иваныч; но можно мне воспользоваться случаем, чтобы спросить об одном деле, касающемся моего общества?

- Хотя это будет не совсем правильно, так как мы здесь по делам другого общества, но я надеюсь, присутствующие гг. члены не будут против этого... тем более, что у нас теперь перерыв... К услугам вашим, княгиня...

- Я хотела просить вас прислать на праздник, который я даю в Летнем саду, детей из вашего сиротского приюта; они мне нужны для томболы и для продажи...

- С величайшим удовольствием, княгиня; надо только знать, в какой именно день назначен ваш праздник?

- Он будет двадцать восьмого июля.

В эту минуту с той стороны, где сидела г-жа Шилохвостова, послышался шорох платья и, вслед затем, из-за ближайших голов, выдвинулось ее лицо, такое же почти красное, как цветы мака на ее пастушеской шляпке.

- Я не понимаю, что это значит, произнесла она кисло-сладким голосом, - тут какое-то недоразумение... Не ошибаетесь ли вы, княгиня?

- В чем? сухо спросила княгиня, едва поворачивая голову.

Присутствующие, из которых многие начинали уже чувствовать тяжесть в глазах, приподняли головы; послышался шепот, одни отыскивали глазами княгиню, глаза других с любопытством останавливались на г-же Шилохвостовой.

- В том, что ваш праздник назначен двадцать восьмого числа! бойко и решительно ответила г-жа Шилохвостова.

- Нет, не ошибаюсь! еще решительнее возразила княгиня, удостаивая наконец взглянуть на собеседницу, но так, однако ж, как бы сама сидела на верхушке башни, а собеседница копошилась где-то там внизу.

До сих пор г-жа Шилохвостова старалась сдерживать свои чувства; взгляд княгини произвел действие искры, попавшей в пороховой погреб.

- Позвольте! воскликнула она визгливым, дребезжащим голосом, - этот день мой и также в Летнем саду.

- Не знаю, ваш ли это день, только он мой, и я никому не уступлю его! промолвила княгиня, у которой при этом заострилась профиль и судорожно задвигались брови.

- у меня есть разрешение! крикнула г-жа Шилохвостова.

- У меня также!

- Протекцией, вероятно...

- А вы, вероятно, интригой! встрепенулась княгиня, как птица, заслышавшая выстрел.

Г-жа Шилохвостова быстро поднялась с места; она хотела что-то возразить, но, вместо слов, начала от волнения икать и захлебываться; грудь ее колыхалась; губы побелели и странно как-то вздрагивали; шляпка ее также вздрагивала, а цветы на ней ходили из стороны в сторону, точно их тормошила буря.

Княгиня также встала, но она лучше владела собою; никто никогда не видал ее более величественной; она точно выросла, точно с облаков смотрела на все окружающее.

Иван Иваныч, сидевший с видом глубоко опечаленного человека, также поднялся с места. Он обратился к княгине, но, не зная, что ей сказать, развел только руками к подошел к г-же Шилохвостовой.

- Анна Матвеевна, успокойтесь,.. Бога ради! заговорил он, уныло наклоняя к ней голову, - умоляю вас, успокойтесь! Возьмите Таврический сад; я вам все устрою, только успокойтесь, подхватил он, стараясь удержать ее, - соберу вам все приюты для аллегри... выхлопочу даровые хоры военной музыки...

- Благодарю вас... не желаю вашего Таврического сада! повторяла г-жа Шилохвостова, бросая вокруг вызывающие взгляды и продолжая направляться к двери, - Здесь, я вижу, одна несправедливость и гадости...

- Анна Матвеевна, Бога ради! Не грешно ли вам?.. Таврический сад еще лучше Летнего... Все вам устрою! убеждал Иван Иваныч, преследуя ее шаг за шагом.

- Да, гадости... гадости!., послышался голос г-жи Шилохвостовой уже за дверью.

Неожиданное столкновение между двумя благотворительницами занятно оживило собрате; большинство членов поднялось со своих мест и взялось за шляпы.

- Господа, прошу у вас всего несколько минут... Предстоит еще один вопрос, заговорил Иван Иваныч, возвращаясь к княгине, подле которой, с одной стороны, ворковала г-жа Бальзаминова, с другой - егозили в перебивку красивый камер-юнкер и Стрекозин. - Прошу вас подождать еще минуту, минуту только! подхватил он, возвышая голос и занимая свое председательское место. - Милостивые государыни, милостивые государи, прошу садиться... Заседание продолжается! заключил он, звоня в колокольчик и, в то же время, обязательно придвигая левой рукой стул княгине.

Все снова уселись, но уже нехотя, кто со шляпой в руке, кто боком, как бы выжидая случая улизнуть при первой возможности.

В коротких, но выразительных словах Иван Иваныч изложил мысль о жетонах и пользе, которую такая операция могла бы принести обществу. Все дело заключалось в том, чтобы присутствующие здесь гг. члены согласились для первого опыта выпустить хотя бы тысячу таких знаков и израсходовать на этот предмет известную сумму.

- Прекрасно! Браво! Согласны, согласны! послышалось со всех концов стола и все, в то же время, стали подыматься с мест.

- Еще одну секунду... прошу вас, одну только! оживленно произнес Иван Иваныч, принимая от секретаря бумагу и выкладывая ее на стол подле чернильницы. - Предложение, с которым вам угодно было согласиться, включено в журнал сегодняшнего заседания... Остается вам только подписать его... Не угодно ли, господа?.. Княгиня, не угодно ли начать? добавил он, подавая ей перо и выворачивая при этом с особенною какою-то грацией кисть правой руки.

Княгиня подписалась, за нею бросились подписываться другие. Когда Иван Иваныч, проводив княгиню до самой лестницы, возвратился в залу, журнал был уже подписан, и члены, торопливо пожимал ему руку, спешили к выходу.

Им было очень хорошо: этим заседанием начинался и оканчивался их трудовой день. Но каково было Ивану Иванычу? И без того уже утомленный умственно и физически, он не мог уже рассчитывать на спокойствие у себя: вечером, когда весь чиновный люд, живущий на даче, наслаждается природой, сидя у открытого окна и играя в карты, ему предстояло еще иметь совещание с ювелиром, которого должен был привезти расторопный Блинов.

XII

После отъезда из церкви Воскресенского, Лисичкина и Бабкова, Алексей Максимыч Зиновьев, против ожидания, остался доволен их посещением. Он мало думал о двух художниках; их похвалы могли быть искренни, - он был благодарен; оба, правда, слишком восторгались, слишком горячо и часто пожимали ему руки и чересчур увивались подле Воскресенского, - и это не совсем ему понравилось. Все мысли его сосредоточивались на Иване Иваныче. Он не сомневался, что тронул в нем, наконец, чувство справедливости; его старания оправдаться, кроткий вид, с каким выслушивал он обвинения, служат тому верным доказательством. И чем же он, в самом деле, мог лично досадить Ивану Иванычу? В чем собственно, говоря по совести, провинился он, как строитель церкви? Поводом преследований, очевидно, были какие-нибудь недоразумения; всего вероятнее, встретились недоброжелатели и завистники, которые наговаривали и сплетничали. Чем больше думал об этом Зиновьев, тем больше утешал себя мыслью, что объяснение с Воскресенским усовестило последнего, восстановило снова их прежняя отношения, положило конец придиркам и преследованиям.

На обратном пути домой, Алексей Максимыч стал даже упрекать себя в том, не далеко ли зашел, выражал так резко свои неудовольствия Ивану Иванычу, и мысленно побранил себя за излишнюю горячность и раздражительность. Под влиянием такого чувства он собирался даже написать Воскресенскому, но тут же отложил намерение, подумав, что неприятные впечатления всего лучше изглаживаются при объяснениях с-глазу-па-глаз; лучшим доказательством служить их разговор в церкви.

Два дня спустя, Алексей Максимыч поехал к нему, но не застал его дома и вдвойне пожалел об этом; он думал, кстати, обрадовать его приятным известием: в течение этих двух дней ему удалось случайно напасть на подрядчика, который, после осмотра остающихся работ в церкви, брался их окончить за весьма умеренную плату, с тем даже, чтобы получить расчет после того, как все будет готово. Он поспешил сообщить об этом письменно Ивану Иванычу. На другой день курьер привез ответ, удививший Зиновьева странностью своего содержания. В нем слова не упоминалось о радостной находке подрядчика; он в коротких словах передавал только чувства человека, которого, вообще говоря, мало озабочивает мирская суетность; коснувшись вскользь объяснения в церкви, Иван Иваныч убедительно просил Зиновьева, как доброго христианина, изгладить из своей памяти все, что могло показаться ему тогда обидным.

- Вот славно! А я уже и забыл об этом, воскликнул Алексей Максимыч, - не помнишь ли ты, Сережа? подхватил он, шутливо обращаясь к племяннику.

- Не знаю, дедушка, меня там не было, Я думаю, было что-нибудь очень приятное, потому что с того дня ты стал как-то особенно весел.

До того дня старик действительно больше старался казаться веселым; Сережа и Маруся очень хорошо знали причину затаенной грусти, проступавшей в чертах дедушки, вопреки его усилиям показывать им довольное расположение духа; они не понимали только повода, заставившего внезапно остановить работы в церкви в то самое время, когда она совсем уже приближалась к концу. Беседуя между собою, оба делали всевозможные предположения и, не стесняясь, бранили на чем свет стоить членов совета, распорядителей, графа, - словом, всех тех, от кого зависела постройка. Теперь надо думать, что дело опять пошло на лад: дедушка уж не довольствовался казаться веселым, - он был весел в самом деле.

К концу недели открылся новый повод радости. Алексею Максимычу посчастливилось отыскать живописца, который соглашался докончить орнамент на нижней арке почти на тех же условиях, как подрядчик брался кончить каменные работы. Живописец был только человек крайне бедный и просил вперед несколько денег; но это была такая безделица, о которой говорить не стоило. Иван Иваныч и за ним члены совета, конечно, не остановятся перед выдачей ничтожной суммы, когда им будут представлены новые, исключительно выгодные условия подрядчика и живописца. Все, без сомнения, поспешат ими воспользоваться. Слава Богу, никто здесь не враг общественному интересу; напротив, он служить целью совета и одинаково воодушевляет всех его членов.

Зиновьев не мог только добиться, когда соберется совет и в какой именно день можно будет представить ему доклад. Он писал об этом Воскресенскому, но тот отвечал, что сам этого не знает, прибавляя, что в летнее время совет собирается вообще реже и в тех только случаях, когда много дел.

Алексей Максимыч, - терпеливый по природе и сделавшийся в последние три года еще терпеливее, благодаря Ивану Иванычу и совету, - решился ждать, но, чтобы не терять дорогого времени, продолжал хлопотать и работать: ездил по биржам прикидываться к цене материалов, придумывал различные удешевления, приспособления, составлял чертежи, исправлял и переписывал свою докладную записку, - словом, подготовлял дело таким образом, чтобы после доклада немедленно приступить к окончанию постройки.

Простодушная доверчивость Зиновьева может казаться

преувеличенною для тех, кому не случалось встречаться с истинными художественными натурами. В них всегда преобладает что-то детское, и свойство это сохраняется независимо от лет и жизненного опыта. Впечатлительны, как ртуть, они так же скоро остывают и съеживаются, так же быстро согреваются и, не находя простора, стремятся к верхним градусам; лица этого рода живут по преимуществу нервами, и все их действия руководятся воображением. Самое ничтожное обстоятельство: мелкая неприятность, встреча, вид неприязненного лица, слово, сказанное на ветер, способны не только обдать их холодом, но сделать их раздражительными, расположить к мрачному настроению их чувства, и наоборот: встреча, мысль, слово, едва приметный луч надежды, но при сочувственных условиях, производят одушевляющее, как бы электрическое действие: они мгновенно оживают, глаза радостно блестят, речь льется сама собою; на это нет возраста: молодые и старики, - разумея здесь, конечно, только настоящих артистов, к числу которых принадлежал и Алексей Максимыч, - все дети одной семьи, у всех та же восприимчивая закваска на дрожжах, все состряпаны из одного теста.

В тот день, когда отыскался живописец, радость Зиновьева выказывалась не только на лице, но и во всех его движениях. Возвращаясь на дачу к обеду, он издали еще принялся махать шляпой над головою, как только показались белые платья двух бежавших навстречу девочек; они также махали ему платками и весело вскрикивали; за ними мелькал синий зонтик Маруси и знакомая шляпа Сережи.

Дедушку встречали таким образом каждый день, и встреча сопровождалась всегда такими изъявлениями радости, что посторонний мог подумать, будто старик возвращается после долгой отлучки.

- Обедать! обедать! - повторял Алексей Максимыч, посылая поцелуи направо и налево. - Я, деточки, сегодня жестоко проголодался; утром, в суете, я не взял с собою сыра и хлеба и теперь голоден, как собака...

- Как? Неужели? - воскликнула Маруся. - Боже мой, я никогда себе не прощу этого...

- Ты нисколько не виновата, - поспешил успокоить Алексей Максимыч, - я сегодня тихонечко утек из дому; было рано, вы все еще тогда спали...

Услышав на дворе голос Алексея Максимыча, Марьянушка засуетилась; Маруся побежала в кухню. Вскоре вся семья села за стол, накрытый в беседке.

Давно не было такого веселого обеда. Больше всех способствовал этому дедушка. Под конец он явился с новой выдумкой; она случайно пришла ему на ум во время дороги. Дело заключалось в следующем: после обеда все, огулом, должны были отправиться на Малую Невку, к ближайшей пристани; здесь все садились в лодку; Сереже поручался руль. Лодка выезжала на взморье и останавливалась у тоней против Крестовского острова.

Дедушка вступал в переговоры с рыбаками, после чего начиналось бросание невода, по одному разу на счастье каждого члена семейства. Дедушка не делал никаких предположений насчет Маруси и Сережи. "Счастливые в любви..." - начал он, посмеиваясь, но тут же, оборотясь к Кате и Соне, выразил уверенность, что на долю каждой выпадает невод, полный лососок, из которых в самой маленькой будет, по крайней мере, аршин длины и двадцать фунтов весу.

Алексей Максимыч прекрасно сделал, что поберег сообщение своей выдумки к концу обеда, иначе Катя и Соня никому бы не дали покоя и сами, в нетерпении своем, наверное, остались бы голодными.

Только что кончился обед, старик послал всех одеваться, сам остался в беседке и закурил сигарку.

Услышав на двор чужой голос, он послал туда Марьянушку: минуту спустя, она возвратилась, сказав, что голос принадлежал курьеру, и подала ему большой конверт, припечатанный крупной красной печатью.

В доме, между тем, все суетливо готовилось к прогулки; Маруся была уже в шляпке. Застегивая пуговицы на ботинках Сони, она, в то же время, перекидывалась словами с Сережей, который смотрел в комнату из растворенного окна, положив локти на подоконник. Очередь была теперь за Катей, но Катя опять куда-то исчезла.

- Катя! Катя, где ты? крикнула Маруся,

Но в ту же секунду голос Кати послышался со двора, почти за спиною Сережи. Странный звук этого голоса заставил его обернуться; при вид девочки он тотчас же понял, что в доме что-нибудь случилось: на девочке лица не было; брови ее усиленно подымались, черты изображали испуг.

- Сережа... там в беседке... дедушка... едва могла произнести она от волнения, - с дедушкой что-то сделалось... с дедушкой!..

При последних словах Сережа бросился к беседке он прибежал туда почти в одно время с Марусей и двумя девочками.

С ужасом увидели они старика, распростертого на диване; лицо его было бледно, как известка; ресницы закрытых глаз судорожно вздрагивали, такое же движение проходило, как будто, под кожей лица; Марусе показалось, однако ж, что движение это останавливалось на левой щеке и у левого глаза; старик, очевидно, не был в обмороке; он тяжело дышал, не переставая водить правой ладонью по левой руке, которая лежала в каком-то оцепенении. Сознание, по всему было видно, не оставляло его. Услыша подле себя знакомые голоса, он открыл глаза и сделал движение, как бы желая приподняться; но левая нога изменила ему, и он снова бессильно опустился, но теперь опустился на руки Сережи, который успел подхватить его.

Маруся стояла уже перед ним на коленях, утирая платком его мучительно стянутый лоб. Он хотел ей улыбнуться, но, вместо улыбки, на губах его проскользнуло что-то столь горькое и безотрадное, что Маруся не могла уже удержаться и заплакала.

- Милые мои... деточки, проговорил, наконец, Алексей Максимыч, оглядывая каждого своими добрыми глазами.

Несвязность, с какою произносил он слова, и самый звук его голоса окончательно подрезали сердце Маруси; удерживаясь от рыданий, подступавших ей к горлу, она прижала его руку к груди и горячо начала целовать ее.

- Дедушка! скажи, что с тобой?.. Что случилось? заговорила она, наклоняясь испуганно к его лицу.

- Мне легче... Дурно было сделалось... Теперь гораздо легче... произнес он, стараясь говорить яснее. - Пройдет, я чувствую. Так вдруг случилось... неожиданно... Не бойтесь... Главное, мне надо успокоиться... успокоиться надо... это главное...

Встревоженное лицо Марьянушки, которую поспешила уведомить Катя, показалось в беседке. Общими силами старика подняли на ноги, перевели в дом и уложили в постель.

Сережа, с лицом, покрасневшим до корня волос, суетился, спеша в город за доктором.

У выходной двери он встретился с Марусей.

- Дедушке отказали; он не будет больше строить церковь, торопливо проговорил он шепотом.

- Неужели?

- Да; на столе, в беседке, лежала бумага, и я успел просмотреть ее... Дело решенное: ему отказали!

- Бедный, бедный дедушка! сказала Маруся, закрывая лицо руками.

- Большое несчастье для него... да и для всех нас также, может быть!..

С последним словом он надел шляпу и побежал к калитке.

К вечеру только удалось ему отыскать и привести доктора.

Пока доктор был у больного, Сережа и Маруся сошлись в соседней комнате. Она старалась его успокоить, уверяя, что во время его отсутствия дедушка заметно оправился. На левой щеке было уже меньше онемения; он не владел еще вполне; левою рукою, но она потеряла свой зловещий синеватый цвет и была несравненно теплее; но главное, по ее мнению, заключалось не в этом; ее пугало совсем другое, - пугало нравственное состояние больного. Как ни старался он скрыть перед ней свое горе, оно высказалось вопреки его усилий. Он несколько раз уговаривал ее пойти в свою комнату: голос его и лицо казались совсем спокойными; она делала вид, что удалялась, но не успевала сделать нескольких шагов, как он поворачивался лицом к стене и уже слышались его рыдания.

- Я не тревожила его в такие минуты, прибавила Маруся. - Мне говорили: плакать лучше, когда большое горе; оно тогда облегчается... Но веришь ли, Сережа, всякий раз, как он так заплачет, у меня точно сердце обрывалось... Мне казалось, точно ребенок плачет... Бедный, бедный дедушка!

С каждым словом лицо Сережи делалось мрачнее. Плотно сжатые губы, нахмуренные лоб и брови, судорожное движение ноздрей показывали, что в нем происходила сильная внутренняя работа.

Сообщения доктора возвратили обоим надежду. Не предвиделось пока никакой опасности. До настоящего дня старик слишком много волновался и мало-помалу подготовил себя к тому, что случилось; но и этого бы не было, вероятно, если б нравственное потрясение не произошло тотчас же после обеда; паралич, к счастью, едва коснулся верхних оболочек; организм совершенно в нормальном порядке. Два-три дня спокойствия, - следов не останется.

Как ни успокоительны были слова жреца науки, Сережа не решился расстаться с больным и оставался ночевать в его комнате. Он прилег на диване, не раздеваясь, нарочно с тем, чтобы быть готовым на всякий случай.

Предусмотрительность его была лишней, но он не сомкнул глаз во всю ночь. Поступок с дедушкой, который был для него воплощением всего доброго и честного на свете, возмущал его до глубины души; кровь подымалась ему в голову и в ушах звенело. Тут не только была несправедливость, но чувствовалось что-то злобное и жестокое. Что мог им сделать этот простодушный старик? Как архитектор, он также не мог навлечь нареканий: знание, опыт, талант, - все было на его стороне. Кто, не считая его преклонных лет, - кто больше него трудился, положил столько любви в дело, отдал ему всего себя с таким увлечением?! И отнять у него дело, - когда же? - когда все уже почти готово! Желание воспользоваться чужим трудом было :здесь слишком очевидно! И нельзя помешать этому! "Нельзя ухватить их всех за горло и раздавить, как клопов!" - мысленно восклицал он, и хотя тут же сознавал всю нелепость таких желаний, но, тем не менее, сокрушался своим бессилием и ничтожеством.

Незнакомая до того горечь подымалась с самого дна его души. Бессонная эта ночь прошла для него не без пользы. Сердце его ожесточилось против неправды; ум яснее стал видеть между тем, что должно быть и что происходит в действительности. Ночь эта осуществила для него целую школу жизни.

Он заснул тогда уже, как начиналось утро.

XIII

Проснувшись довольно поздно, Сережа крайне был изумлен, увидев дедушку в белом галстуке и черных панталонах.

- Дедушка, что с тобой?.. Куда ты? проговорил он, вскакивая с дивана.

- Необходимо сейчас же ехать... Мне теперь совсем хорошо, отвечал старик, надевая жилет и суетливо принимаясь за фрак.

Сережа побежал к Марусе, и оба начали его уговаривать; но все, что они говорили, было напрасно; Алексей Максимыч стоял на своем, упрямился, выказывал даже явные знаки неудовольствия, чего с ним прежде никогда не было. Сережа с трудом мог достичь того только, что поедет с ним, будет всюду его сопровождать и ждать везде, где будет ему угодно. Пока старик прощался с детьми и Марусей, уверял всех, что чувствует себя теперь как нельзя лучше, Сережа побежал умыться и причесаться, шепнув мимоходом Марьянушке, чтобы она скорее послала кухарку за извозчиком.

Алексей Максимыч велел везти себя прежде всего к графу.

Когда дрожки остановились перед подъездом знакомого дома, швейцар объявил, что граф только что изволил выехать. Граф и графиня отправились провожать молодого графа, который уезжал за границу; оба возвратятся только к вечеру, потому что кушать поедут в Петергоф, и карету приказано прислать к последнему поезду.

Зиновьев не показал только виду, но известие это приметно его взволновало. Не торгуясь с извозчиком, против своего обыкновения, он уселся на дрожки рядом с племянником и велел немедленно ехать на Парголовскую дорогу. Сережа догадался, что они отправляются теперь на дачу к Воскресенскому.

Расстройство дедушки было слишком очевидно, чтобы не пугаться дальности дороги, в такую жару особенно, но племянник воздержался, однако ж, от всякого замечания. Развлекать дедушку посторонними разговорами ему также не хотелось; он сначала было попробовал; старик делал только вид, что слушает; выражение его лица и взгляд ясно показывали, что мысли блуждали где-то далеко от предмета беседы... Коснуться причин настоящей поездки значило только растревожить окончательно старика; Сережа предпочел молчать, ограничиваясь тем, что подкладывал руку за спину соседа всякий раз, как на дороге встречался ухаб или камень.

Дача, занимаемая Воскресенским, имела свою историю. Она состояла из большого каменного дома и обширного старинного сада. То и другое подарено было когда-то одной знатной старушкой сиротскому приюту, который процветал здесь более тридцати лет, Внезапно кем-то найдено было, что место здесь низменно и сырой воздух отражается крайне вредным образом на здоровье сирот; за сим явились более положительные данные, сопровождаемые вескими цифровыми выводами о злокачественных свойствах места. Выводы эти, весьма красиво означенные на бумаге и скрепленные подписями, представлены были на рассмотрение комиссии, которая была временная, как большая часть комиссий. Возник вопрос о необходимости отвести другое место и выстроить на нем новое здание; тут же приложена была и смета. Цифры выходили крупные, но человеколюбивая мысль взяла верх над экономическими соображениями. Здание было воздвигнуто, сироты водворены, а бывшее их жилище перешло временно в то ведомство, где служил Иван Иваныч, и временно также, т.-е. во время лета, им стали пользоваться семейные чиновники. Один из них, более предприимчивый, устроил даже в бывшей столовой гимнастику для детей и каток для коньков с рулетками, имея в виду доставить развлечение взрослым своим товарищам, их женам и знакомым, наезжавшим сюда по праздникам. Иногда бывало здесь очень весело.

Алексею Максимычу больше здесь посчастливилось, чем у графа. Узнав, что Иван Иваныч дома, он проявил вдруг столько живости, что краска мгновенно выступила на лице его; даже на ушах и шее показался какой-то лиловый отблеск.

- Дедушка, успокойся Бога ради!., Сам доктор, помнишь, сказал, что вредно тебе волноваться, успел только проговорить племянник, слезая м дрожек вместе со стариком.

Алексей Максимыч осторожно отстранил его рукою. Сережа остановился, но с беспокойством стал следить за дедушкой, который, заметно припадая на левую ногу, торопливо зашагал к подъезду.

Черты старика снова покрылись бледностью, когда он вошел в кабинет Воскресенского.

При виде Зиновьева Иван Иваныч поспешно встал с места и пошел к нему навстречу с распростертыми руками; всмотревшись в лицо вошедшего, он, однако ж, остановился. В первую минуту Зиновьев от волнения не мог проговорить слова. Воскресенский этим воспользовался; он оглянулся назад к столу, убедился, что колокольчик на своем месте, и поспешил принять печально-расстроенный вид.

- Понимаю ваше горе, многоуважаемый Алексей Максимыч, понимаю его вполне и... и разделяю его, произнес он удрученным голосом. - Обвинения ваши, если таковые суждено мне выслушать, будут несправедливы... Я не заслужил их... Против вас я никогда ничего не имел и не имею, кроме истинного уважения... Я тут ни при чем.

- Кто же, наконец, это... это сделал? Кто отнял у меня... начал было Зиновьев, но не мог докончить; он едва переводил дыхание; нижняя челюсть его и губы дрожали, как в лихорадке.

- Успокойтесь... Прежде всего, прошу вас успокоиться...

Иван Иваныч указал на соседний стул и даже придвинул его. Но Зиновьев как будто не заметил этого.

- Я пришел спросить, какие причины заставили поступить со мною таким образом? подхватил он, оправляясь. - В чем меня обвиняют?.. Так вдруг нельзя же без всякого повода!..

- Совершенно основательно; но, повторяю вам, дорогой Алексей Максимыч, я тут ни при чем... Я имел уже честь вам докладывать, - даже писал вам на днях об этом, - что если я в этом деле принимаю участие, меня занимает в нем не столько материальная его сторона, сколько собственно нравственная; меня привлекала человеколюбивая мысль, сопряженная с постройкой этого здания... Причины, о которых вы изволите упоминать, мне неизвестны; решение вышло из совета; к сожалению, в эти последние дни мне нездоровилось и я в нем не участвовал... Когда я стал расспрашивать, мне намекали на какие-то, будто бы, злоупотребления...

- Злоупотребления! - воскликнул Алексей Максимыч, которого при этом обдало холодом от затылка до самых пяток.

- Но никто этому, конечно, не верит, - поспешил успокоить Воскресенский.

- Все равно, все равно, я желаю знать, в чем заключаются эти злоупотребления...

Иван Иванович и сам не рад был, что коснулся этого вопроса; но делать было нечего, - слово вырвалось, не вернешь назад; искоса взглянув на стол, туть ли колокольчик, он как бы приободрился и прибавил:

- В прошлом году... у вас, говорят... вышел там какой-то недочет... каких-то денег недостало в кассе...

Неожиданность такого сообщения сразила, казалось, старика.

- Правда, - произнес он, смело глядя в глаза собеседнику, - правда, но это мое личное дело, оно никого не касается; деньги были сполна тотчас же внесены... Какое же кому до этого теперь дело?

- Никто же на это и не претендует. Помилуйте! Всем слишком хорошо известна ваша честность... Я полагаю, тут одни только сплетни... и причина вовсе не в этом... Она, всего вероятнее, заключается в промедлении постройки...

- В промедлении! - на этот раз уже просто вскричал Алексей Максимыч, - в промедлении! Но кто же, как не вы, милостивый государь, задерживал работу? В эти последние три месяца я гроша от вас не мог добиться... Просил, умолял, наконец, поневоле должен был остановить постройку...

- Боже мой! Боже мой! - заговорил Иван Иваныч, отступая еще шаг и печально качая головою, - подумайте только, в чем вы меня упрекаете... меня, который только и думал, как бы угодить вам!... Вникните спокойнее: разве деньги мои и я могу выдавать их когда заблагорассудится? Точно не знаете вы, что церковь строится на пожертвованные суммы, точно не знаете, что можно располагать ими тогда только, когда они есть в вассе...

- Если это так, то тем несправедливее упрек, который мне делают! Вы, стало быть, не объясняли совету...

- Я уже имел честь докладывать вам, что меня тогда, - прибавлю; к сожалению, - не было в совете...

- Но определения совета рассматриваются графом... Вы... ваша обязанность была предупредить его насчет причины задержки... Он мог, наконец, послать за мною, расспросить меня... Решением управлял, следовательно, один произвол, а может быть, что-нибудь еще хуже: была подведена какая-нибудь гнусная интрига...

Иван Иваныч всплеснул руками и склонил голову набок с видом изнеможения.

- Не понимаю только, что граф тут делал? - продолжал Зиновьев с возраставшим жаром. - Я считал его всегда человеком честным и благородным... Он всегда был прежде так расположен ко мне... Его, верно, подвели, обманул кто-нибудь... или он потерял, наконец, всякий смысл, всякое сознание!...

- Граф так мало потерял сознания, - робко вступился Иван Иваныч, - что первою его мыслью, когда все... все это вышло... было представить вас к награде...

- Что мне награда! Моя награда - мой труд! Я о другом никогда не думал и ничего не искал... Я желаю только, чтобы со мной поступали так же честно, как я всегда поступал с другими; к сожалению, я ошибся, полагаясь на людскую честность; старость ничему меня не выучила; вижу, что здесь, прежде всего, надо быть кулаком и пройдохой... Я всю жизнь слышал об этом, по отказывался всегда верить; теперь, на старости, пришлось убедиться: хорошо здесь только кулакам и пройдохам!..

- Я не был ни тем, ни другим, позволю вам заметить, - проговорил обиженным тоном Воскресенский, - но не раскаиваюсь в этом, нет, не раскаиваюсь; мною управляли всегда одни чувства: долг, желание добра ближнему... религия...

- Я, может быть, не так религиозен, как вы, но не сделаю, милостивый государь, того, что вы сделали, - да, вы! вы!.. потому что все дело было в

84

руках ваших, и вы бы никогда не допустили того, что произошло, если б только захотели! Я с тем приехал, чтобы сказать вам это прямо в глаза! Да! Я и другим буду то же рассказывать...

- Вы не можете оскорбить меня, господин Зиновьев, - проговорил тихо, но не без достоинства Иван Иваныч; - мои действия и цели, слава Богу, известны... Если кто и поверит, предоставляю каждому на его совесть... Придет время, наконец, когда разъяснится, кто тут прав, кто виноват... История беспристрастна; она нас рассудит...

- "Вон куда хватил! История! Будет ей до тебя дело, как же!" - мелькнуло в голове Зиновьева, несмотря на все его расстройство. - Не знаю, что история скажет, - продолжал он громко, - но я скажу вам, что я не настолько еще ослаб от старости и выжил из ума, чтобы так оставить это дело; я пойду к графу, обращусь к совету, обращусь к каждому, кто принимал участие в этом несправедливом поступке... Пока... пока оставлю его на вашей совести... Затем, милостивый государь мой, прощайте!...

Иван Иваныч молча поклонился; устремляя выше очков белые зрачки свои на удалявшегося Зиновьеве, он слегка улыбнулся, как улыбаются взрослые беснованию спеленатого ребенка.

До настоящей минуты Алексея Максимыча поддерживали нервный подъем и сильное нравственное возбуждение. Когда он вернулся к племяннику, тот поспешил поддержать его: до такой степени старик показался ему вдруг опустившимся и ослабевшим. Черты его осунулись, глаза вращались беспокойно и смотрели смутно. Племянник с трудом усадил его в дрожки и велел извозчику ехать скорее домой на дачу. Дорогой он должен был раз остановиться, чтобы достать воды, потому что дедушка внезапно почувствовал дурноту.

Приехав домой, Сережа распорядился, чтобы старика скорее уложили в постель, а сам поскакал за доктором.

Докторская предсказания сбылись только на другой день к вечеру. У Алексея Максимыча открылась нервная горячка: к ней (последнего доктор не предсказал) присоединилось разлитие желчи. Старшие члены семьи - в том числе и Марьянушка, - превратились в тот же день в сиделок; каждый по несколько часов дежурил по очереди у постели больного. В общем разделе, на долю Кати и Сони досталась едва ли не самая трудная обязанность: они должны были молчать и тихо, только на цыпочках, переходить из комнаты в другую. Главным образом, обеим было предписано не касаться в разговорах при дедушке постройки церкви, не напоминать даже об этом, хотя бы словом одним.

Сережа, строго наблюдавший за этим, сам, между тем, едва удерживался. Узнав случайно в академии, что достраивать церковь поручили какому-то Бабкову вместе с другим, - имени последнего он не помнил, - он так горячился и часто выходил из себя, что каждую минуту можно было ожидать от него какой-нибудь неосторожности. Дело спасалось только Марусей, которая, как только Сережа начинал возвышать голос, спешила прижать ему ладонь к губам, Он тогда выбегал в сад; Маруся приближалась к окну и глазам ее представлялся Сережа, ходящий быстрыми шагами и махавший в воздухе кулаками. Такой моцион всегда, впрочем, хорошо на него действовал: он после этого заметно успокаивался и возвращался смирнее прежнего к постели больного.

В конце августа болезнь Алексея Максимыча настолько уже уступила, что его можно было перевезти на городскую квартиру; в одном лишь не мог он оправиться: к нему не возвращалась его прежняя веселость.

Чего только не делали, чтобы развлечь его! В день его рождения (ему минуло шестьдесят три года) Катя и Соня сочинили живые картины, в которых явились в бумажных костюмах, ими же сочиненных и раскрашенных; в одной из этих картин приняла даже участие Маруся: стоя на табурете, прикрытом бумажным облаком, она изображала благодетельную волшебницу, кротко улыбающуюся Кате и Соне, одетым пастухом и пастушкой, между тем как Сережа, сидя за ширмами, брал в это время торжественные аккорды на фортепиано. В тот же вечер Маруся поднесла дедушке абажур с изображением Большого канала в Венеции во время карнавала; лупа, ряды освещенных окон, отражения в воде огоньков на гондолах, - все это, искусно выскобленное на бумаге и подкрашенное красной и желтой краской, придавало живость акварели, которая сама по себе была очень мило написана Марусей; но и подарок этот не достиг своей цели; дедушка, правда, долго не отрывал от него глаз, но, следя за выражением его лица, можно было думать, что подарок производил на него скорее даже грустное впечатление.

Иногда Сережа выкладывал на большой стол к окну папку с рисунками Алексея Максимыча. Старик начинал их просматривать, вспоминал о чем-то, но на лице появлялась вскоре равнодушная усталость; он снова укладывать рисунки и закрывал папку, как бы говоря самому себе: "к чему все это?"

Заметная перемена его духа к лучшему произошла после того только, как Сережа, решившись, наконец, показать ему свою программу, привез ее на дон. Алексей Максимыч в первый раз оживился и напомнил в тот день прежнего дедушку.

И всем в этот день как будто стало веселее.

XIV

Постройка церкви, между тем, приближалась к концу.

- Слава Богу! говорил граф, улыбаясь своей приятной улыбкой всякий раз, как Иван Иваныч докладывал ему о новых успехах работы.

- Слава Богу, ваше сиятельство, повторял за ним Иван Иваныч, с выражением благочестия во взгляде.

- Зиновьев - прекрасный человек, но с ним мы бы никогда не кончили, говорил граф.

- Никогда бы не кончили! утверждал с убеждением Иван Иваныч.

Граф никогда больше не расспрашивал о старом архитекторе; он искренно сожалел о нем в первое время и даже вздохнул, когда Воскресенский, в разговоре о нем, молча, но выразительно пошевелил влажными своими пальцами по лбу, показывая, что тут как будто у старика что-то было не совсем в порядке; узнав от того же Воскресенского, что Зиновьев теперь, кажется, поправился и считает себя вполне вознагражденным за труды тем, что представлен к знаку отличия, граф окончательно успокоился и перестал о нем расспрашивать. И где же, в самом деле, было ему думать о Зиновьеве, когда поневоле всякий вечер приходилось забывать множество лиц, являвшихся с просьбами в течение дня; когда едва было возможно придти в себя, среди многочисленных и разнообразных вопросов, ежедневно предлагаемых на обсуждение в различных комиссиях и заседаниях?

Хорошо еще, что у графа была сестра, одаренная большой энергией. Она неожиданно являлась в кабинет, усаживалась против брата и не говорила ему, как делала большая часть родственников: "Mon cousin или cher Pierre, вы решительно себя убиваете!" - что, мимоходом сказать, доставляло всегда графу большое удовольствие, - но прямо отрезывала: "Довольно! Assez, mon frère!" - и как только брат начинал возражать, прибавляла: "Россия не погибнет, если ты оставишь ее на несколько часов в покое!", после чего насильственно увозила его куда-нибудь за город, предупредив заранее, что приедет сегодня с графом обедать.

К многочисленным заботам графа прибавились с некоторых пор семейные неприятности. Его снова начинал беспокоить сын. На пути в южную Францию, куда отправили молодого человека для ознакомления с отраслью, обещавшей в будущем столь важные последствия для Кавказского края, молодой человек застрял в Париже. С тех пор, как он оставил Петербург, - назад тому два месяца, - отец и тетка не получали никаких известий; знали только, что он в Париже.

Граф и графиня обратились тогда к родственнице, княгине Завадской, живей большую часть года в столице Франции, прося ее отыскать молодого графа и дать о нем какое-нибудь сведение. Княгиня, никогда прежде не писавшая петербургским родственникам, пожелала как бы за один раз исправить свою ошибку; ответ ее, на многих страницах, мог бы быть короче, если принять во внимание впечатление, сделанное им на графиню и особенно на графа.

Прежде всего, княгиня жаловалась, что Флу-Флу (так звали в обществе молодого графа за его разварную наружность и неясное произношение, происходившее от несоразмерной толщины языка, неловко как-то шлепавшего во рту) ни разу к ней не показался, "не плюнул даже". Дальнейшие строки уведомляли родителей, что Флу-Флу каждый день встречают проезжающим в коляске по Елисейским полям с знаменитой Berthe la Blonde, едва ли не опаснейшей из парижских актрис-кокоток. Она, говорят, совсем им завладела; он был с ней неразлучен и всюду являлся; утром - на скачках, перед обедом - в tir aux pigeons, вечером - в театре, и всегда на видных местах; в последние дни он окончательно себя компрометировал, войдя с ней под руку на благотворительный концерт, куда допускались только дамы известного круга...

- Мальчик этот истинно послан мне в наказание! За что только, не знаю! воскликнул граф, опрокидываясь на спинку кресел.

- Я полагаю, вздыхать и охать теперь напрасно: ни к чему не послужит, - произнесла графиня, сдвигая брови.

- Что делать, право, не знаю!.. Знаю только, что он всех нас разорит и сам погибнет! Прямо идет к этому... Боже мой, Боже мой, за что мне все это?!..

Графиня поднялась на ноги, несколько раз прошлась по кабинету и тут же решила немедленно ехать за племянником. Она посмотрит, какая там такая Berthe la Blonde могла округить племянника настолько, чтобы заставить его забыть отца, тетку, приличия и, наконец, заставить делать долги! Посмотрит она, как Флу-Флу, - эта тряпица, а не человек, - не послушает ее, когда она обрежет ему все ресурсы и принудит его возвратиться домой!

Отъезд графини весьма обрадовал Ивана Иваныча. Он думал и так, и этак, и решительно не знал, как выпутаться в глазах графа, которому внушил поездку сына за границу. Граф нисколько на него не сердился, убежденный в его добром намерении, но положение, все-таки, было не совсем ловкое.

Воскресенский писал молодому графу, прося его захватить в Париже такую-то брошюрку, специально трактующую о пробочном производстве в Алжире, и прибавляя, что в этом заключается, главным образом, суть его поездки за границу, но не получил никакого ответа. Зная энергический, решительный нрав графини, он не сомневался в скором возвращении ее племянника.

В ожидании этого, он распорядился выпиской помянутой брошюры и поручил перевести ее, как можно скорее, на русский язык: сделав в рукописи кое-какие выправки и изменения, он заметно успокоился. Иван Иванычу не обманывал себя в трудности будущей задачи; он предвидел, сколько будет хлопот, чтобы поймать молодого графа в Петербурге, залучить его часа на два к себе в кабинет и заставить его прочесть при себе перевод. Составить потом докладную записку о полезном труде молодого человека... Боже мой! да это была такая безделица, о которой не стоило даже думать...

Как только граф выражал беспокойство насчет сына, Иван Иваныч всякий раз спешил его утешить; но уже теперь в голосе его заметно было больше уверенности. Он придерживался того убеждения, что в этих слухах из Парижа было много преувеличенного; похождения молодого графа были не что иное, как мимолетное и совершенно естественное увлечение молодости. Очень жаль, конечно, что молодой граф не воспользовался поездкой в южную Францию; но собственно практическая сторона дела, для которого он был послан, не имеет большой важности; суть дела заключается в теоретических данных. Все, что касалось этого предмета, находилось в руках Ивана Иваныча; он ни на минуту не сомневался, что молодой человек, приехав в Петербург, с примерным усердием примется за работу. Вопрос будет подготовлен, Иван Иваныч лично с ним займется; графу-отцу, - Воскресенский ручался за это, - останется только, в конце концов, радоваться за сына.

- И вы думаете, Иван Иваныч, он будет в самом деле на это способен? недоверчиво качая головою, спрашивал граф.

- Убежден, ваше сиятельство! с твердостью во взгляде и голосе возражал Воскресенский.

- Благодарю вас, благодарю!

Граф протягивал руку, но, прикоснувшись к влажным пальцам Ивана Иваныча, напоминавшим ему всегда лягушку, не мог победить себя и, несмотря на растроганные чувства, тут же спешно, запрятав руку в карман, украдкой утирал ее о носовой платон.

В частных беседах своих с графом Воскресенский не упускал случая также убеждать его осмотреть здание нового центрального приюта; мысль эта всегда встречала живое сочувствие; граф обещал, назначал даже день, но всякий раз по какому-нибудь непредвиденному обстоятельству, - больше по недостатку времени, - не мог исполнить обещания. Воскресевский приступил тогда настоятельнее, как говорится: сильнее нажал клапан. Все в центральном приюте было готово: открытие

89

назначено через месяц самим графом; необходимо было показаться, хотя бы с тем, чтобы произнести свое последнее слово, поощрить участников, которые столько раз уже собирались и ждали только, как бы увидеть высокого своего покровителя.

День был, наконец, безотлагательно назначен. Граф, пригласив заблаговременно Ивана Иваныча ехать вместе, находился в прекрасном расположении духа. Приметив, что Иван Иваныч ежится в углу кареты, граф поспешил закрыть окно, извиняясь, что раньше не подумал об этом.

День был действительно сырой и холодный. Убедительнейшим доказательством могли служить скорченные фигуры и синие носы на лицах персонала центрального приюта, собравшегося у входа главного здания в ожидании приезда их покровителя. Ожидали, однако ж, недолго; все, по-видимому, тотчас же оживились и согрелись, как только карета графа остановилась у подъезда. Тут во фраках и белых галстуках находились будущие наставники, доктор, фельдшера, сиделки, две кормилицы в голубых кокошниках и красных сарафанах, несколько сестер милосердия и значительная группа служителей, большею частью с шевронами на рукавах и в форменной одежде.

У графа был всегда достаточный запас приветливости для тех, кто заставал его в хорошем расположении духа. Он здесь очаровывал всех без исключения: кому весело кивнул, кому сказал несколько слов, кому пожал руку.

Он шел впереди; подле него, сбоку, едва слышными шагами подвигался Иван Иваныч, изредка оборачиваясь, когда шум следовавшей толпы становился слышнее.

Больше часу продолжался обход здания. Ничего не было пропущено. Граф остался всем очень доволен. Особенной похвалы удостоился, впрочем, двор, крытый стеклом и заключавший в себе детский сад и гимнастику. Граф внимательно осматривал каждый предмет, расспрашивал обо всем. С большим одобрением встречено было также осуществление мысли оклейки стен нравственно-назидательными картинками, сценами из отечественной истории, долженствовавшими "поднять дух", как говорилось в программе,

и душеспасительными печатными изречениями; перед некоторыми из них граф так долго останавливался, что уже под конец у Ивана Иваныча начали гореть пятки и подкашиваться ноги.

- Теперь, ваше сиятельство, не угодно ли будет в церковь пожаловать? проговорил Воскресенский, делая за спиною знаки, чтобы скорее отворили дверь, сообщавшую церковь со столовой.

Но дверь оказалась уже отворенною. Ивана Иваныча сначала неприятно поразило, что в дверях никто не встретил почетного посетителя, но неудовольствие его продолжалось всего секунду. Одобрительная улыбка показалась на лице его при виде Лисичкина и Бабкова, стоявших на местах своих. Последние только, казалось, ничего не видели, ничего не замечали: до такой степени каждый увлечен был своей работой. Стоя на табурете подле одной из арок с палитрой и кистями в левой руке и поддерживая правую руку муштабелем, Лисичкин усердно водил кистью и, сколько можно было заметить, все по одному и тому же месту; на щеке, руках и передней части сюртука виднелись следы красок. Бабков, пригнувшись к одной из каменных балясин над ступеньками, соединявшими пол с алтарем, как бы усиливался добиться, насколько все это твердо было установлено; он был в холщовой блузе, надетой сверх сюртука, и весь также испачкан известкой, хотя вокруг было совершенно чисто и трудно было запачкаться.

Тихо ступая на плоских своих подошвах, Воскресенский наклонился к графу и, улыбаясь, указал ему глазами на художников; граф остановился, приложил палец к губам и неожиданно кашлянул.

- Ах! вскричал Лисичкин, чуть не сваливаясь с табурета от неожиданности.

Он не упал, однако ж: с палитрой в одной руке, с муштабелем в другой, он приблизился к именитому посетителю, выказывая на лицу смущение человека, застигнутого врасплох.

- Простите великодушно, ваше сиятельство... Я перед вами в таком виде...

- И меня также... Уж не взыщите, проговорил Бабков, подходя, в свою очередь, и растопыривая пальцы перепачканных рук.

- Напротив, вы извините, что прервал вас так неожиданно, сказал граф, любезно улыбаясь, - у вас, как я вижу, прекрасно идет дело... подвигается...

- Работаем, ваше Сиятельство, трудимся, с нежностью во всех чертах сказал Лисичкин.

- Пачкаемся, ваше Сиятельство! Надо прямо сказать: пачкаемся!

- Давай Бог каждому пачкаться так, как вы, господа, это делаете ради общественной пользы, заметил граф, посылая каждому приветливый знак рукою, - и искренно благодарю вас! С своей стороны, я также постараюсь... И давно уже вы здесь занимаетесь?..

- Третий месяц...

- Как? Разве так много оставалось работы?

- Довольно-таки, ваше сиятельство! Много было сделано, но многое пришлось переписать заново... В одном месте требовалось смягчить... в другом усилить, тут придать вкусу, здесь придать теплоты тону, начал Лисичкин, выводя палитрой и муштабелем по воздуху нежные, округленные линии.

Бабков неожиданно перебил его.

- Что говорить, ваше сиятельство, - приступал он к графу, который любознательно осматривал стены, - надо правду сказать: были такие здесь грешки да прорешки... Вы меня великодушно извините; я человек простой, как есть ломоть ржаного хлеба, но я всегда правду скажу: пришлось-таки здесь повозиться... Вот теперь извольте сами посмотреть: прорешек-то и нет; сладили, значить!..

- Считаю долгом предупредить ваше сиятельство, что здесь очень сыро... и легко, очень легко простудиться... Гг. художники привыкли к этому, но вам... считаю долгом предупредить вас, - произнес Иван Иваныч, желавший сократить посещение церкви, так как, с одной стороны, цель была достигнута, с другой - он начинал чувствовать холод в ногах, несмотря на то, что просил у графа позволения остаться в резиновых калошах.

Поблагодарив еще раз художников, граф вышел из церкви. Толпа, ожидавшая его в столовой, снова сомкнувшись за его спиною, сопровождала его до той минуты, пока он не сел в карету.

Граф был очень доволен. Во время пути он несколько раз признательно жал руку Ивану Иванычу, который всякий раз, от избытка чувств, моргал увлажненными глазами.

XV

В середине ноября Алексей Максимыч получил официальное печатное приглашение на освящение церкви и открытие центрального образцового приюта, имевшего целью "всеобщее, всестороннее распространение благотворительности в Российском государстве". Приглашение получено было во время вечернего чая; вся семья находилась в полном составе.

Алексей Максимыч аккуратно вложил приглашение в конверт, снял очки и произнес с расстановкой:

- Скоро же это они состряпали!.. Молодцы!.. Посмотрим... посмотрим! - подхватил он, стараясь казаться веселым; он попробовал даже улыбнуться, но улыбка вышла менее удачна.

Сережа и Маруся переглянулись.

- Ты, дедушка, так говоришь, как будто собираешься туда ехать, - сказал племянник.

- Пойду, конечно... благо приглашают... Неучтиво было бы отказаться, - прибавил он с добродушной иронией.

Племянник поднялся с места в начал ходить по комнате, нетерпеливо проводя ладонью по волосам.

- Нет, ты не шутишь?.. Ты в самом деле собираешься ехать? - спросил он, неожиданно останавливаясь.

- В самом деле поеду, - спокойно отозвался дедушка. Племянник вспыхнул.

- Тебе, вероятно, снова хочется встретиться с этими прекрасными господами... которые... которые так благородно с тобою поступили! - заговорил он резким голосом. - Решительно не понимаю тебя!.. Скажи на милость, что влечет тебя туда? Что ты будешь там делать? Зачем? С тем, разве, чтобы, как я говорю, полюбоваться лишний раз на милого г. Воскресенского?.. Кстати, один знакомый архитектор, имевший с ним дело, прозвал его "Тартюфом из Средней Мещанской улицы". Чего тебе от них надобно? Что ты там потерял?

- На твоем месте, я бы ни за что не поехала, дедушка, - сказала Маруся.

- Ну, сговорились... Как и следует, впрочем, быть, - перебил Алексей Максимыч. - Ты, мой дружок, полно волноваться; сядь-ка лучше и не горячись... Очень понимаю, что заставляет вас обоих так говорить. Людей, которых я там встречу, уважаю я не больше вашего; знаю, что они, по большей части, не... нег... нехорошие люди... (он хотел сказать другое слово, но удержался; резко выражаться было вообще не в его характере). Скажу вам, с своей стороны: оба вы превратно понимаете причину, которая - не то чтобы заставляла меня туда ехать, но располагает к этому; не ехать значило бы прямо показать им: как, дескать, вы меня глубоко обидели, и смотреть-то на вас не хочу! Мне, напротив, приятно показать им мое полное равнодушие к их поступку; смотрите, дескать: и жив, и здоров, и пришел на вас полюбоваться...

Сережа и Маруся не верили как будто в искренность такого довода. Дедушка был теперь совершенно здоров и, по-видимому, окончательно успокоился; но им было известно также искусство его скрывать перед ними свои тяжелые ощущения и показывать улыбающееся лицо, когда на душе скребли кошки. Кто поручится в том, что горе изгладилось окончательно и не живет где-нибудь в тайном углу его сердца?

Оба всеми силами старались уговорить его; внутреннее чувство подсказывало им, что эта поездка не обойдется без вредных последствий, без нового потрясения.

Опасения их могли быть весьма основательны. Оскорбленное чувство не столько самолюбия, сколько справедливости слишком глубоко проникло в самую глубь существа старого архитектора, чтобы успеть так скоро вымереть; больное место еще оставалось. Алексей Максимыч сам себя обманывал, объясняя племяннику повод, располагавший его к такой поездке; больное место еще не зажило; оно-то собственно и влекло его...

В нравственной и физической природе человека существует большое сходство ощущений; к больному месту тянет прикоснуться; есть даже удовольствие бередить рану. То же самое бывает с горем, с минувшим нравственным потрясением; вопреки рассудку, больное чувство не хочет успокоиться: оно рвется к предмету своего раздражения. Могила зарыта, все кончено, ничем уже не вернешь к жизни, - нет, надо бежать к этой могиле, надо растравлять воспоминания, надо прибавить себе терзаний: в этом есть также своя отрада...

Когда наступил день освящения церкви и открытия центрального образцового приюта, Алексей Максимыч, несмотря на все свои старания казаться равнодушным, не мог ввести в заблуждение племянника и Марусю, которые внимательно за нии следили. Он, очевидно, провел ночь без сна, суетился как-то особенно, выказывал нетерпение и был рассеяннее обыкновенного. Сережа и Маруся, каждый с своей стороны, снова было коснулись вопроса поездки; старик окончательно заупрямился. Он послушал их только в том, что тепле закутался; в остальном не было никакой возможности уговорить его.

О чем он думал во всю дорогу, решить трудно; во всяком случае мысли его не были веселы. Да и все вокруг не располагало к веселью. День был холодный и пасмурный; тучи стояли неподвижно и низменно; их цвет предвещал, что вот-вот сейчас закружатся в воздухе первые хлопья снега. По городским улицам все еще было сносно: ходили и ехали люди; но там, в глухих местах, где-нибудь на конце Петровского острова, по берегу залива... Боже мой, как там теперь должно быть уныло и безотрадно на Петербургской стороне!..

Алексея Максимыча опередило несколько экипажей с разряженными дамами и кавалерами в мундирах; в открытой коляске, но плотно закутанный в шубу, проехал в треугольной шляпе с белым плюмажем господин, поразивший Зиновьева сходством с птицей пеликаном: такой же длинный и плоский, прижатый к подбородку нос и крошечные глазки, близко поставленные один к другому... Все это, очевидно, устремлялось туда же, куда направлялся сам Зиновьев.

Подъехав к воротам громадного здания центрального образцового приюта, на одном конце которого высоко подымалась крыша церкви, Алексей Максимыч должен был отпустить извозчика: до такой степени двор был заставлен экипажами; одни подъезжали, другие устанавливались кричавшими жандармами.

Прихожая, несмотря на ее вышину и размеры окон, показалась Зиновьеву несколько темною. Правда, день был такой, да и стены вокруг казались совсем черными от повешенных шуб и шинелей. Много также шуб и всякой верхней одежды виднелось на руках многочисленных лакеев, большею частью ливрейных; многие из них укладывали свою ношу на скамьи и усаживались на ней с большим комфортом; некоторые успели уже задремать и клевали носом; один у печки, так тот совсем уже, как говорится, закатился и пускал такой храп, что надо было удивляться, как никто не будил его. Между лакеями виднелись городовые, которые также, казалось, сильно скучали.

Из прихожей вела во второй этаж широкая парадная лестница; перила ее, еще не конченные, покрывались коврами, отчасти присланными графом, отчасти взятыми на прокат.

Служба в церкви давно уже началась, но Алексей Максимыч не старался даже войти; густая толпа заслоняла дверь; проходя мимо, можно только было видеть над головами блеск свечей, тускло горевших в воздухе, насыщенном ладаном и человеческим дыханием, к которому примешивался запах духов; из дверей несло жаром, как из жерла раскаленной печки; вместе с ним приносилось пение, то умолкавшее и как бы заглушаемое густотою атмосферы, то снова поражавшее слух и как бы подымавшееся в высоту, когда подхватывали дисканты. В столовой, перед церковью, происходила также порядочная суета; целая половина ее заставлена была сдвинутыми накрытыми столами, вокруг которых суетились официанты. К ним поминутно выскакивали откуда-то и одновременно два маленькие чиновника, совершенно похожее один на другого, точно их выбили по одному штампу; у каждого на левом отвороте вицмундира красовался бант из лент одинакового цвета; они хлопотливо осматривались во все стороны, отдавали какие-то приказания, наскоро шептались и снова разбегались в разные стороны, как дробинки, внезапно брошенные на каменный пол.

Алексей Максимыч прошел мимо и стал бродить по всем комнатам, двери которых были теперь настежь отворены. Лицо его было скорее задумчиво, чем встревожено печалью. Раз только оно как будто несколько омрачилось, когда глаза его случайно встретили портрет графа, висевший в роскошной золотой рамке на стене в зале совета. Он прочел на фоне портрета, внизу, имя Лисичкина; имя это напомнило ему то, о чем он прежде старался не думать.

Он собирался уже перейти в соседнюю комнату, когда неожиданно увидел в нескольких шагах от себя господина небольшого роста, несколько кривобокого, несколько прихрамывающего, который любознательно к нему присматривался, нетерпеливо моргал маленькими, живыми глазками, заострял носик и вообще показывал непреодолимое желание вступить в разговор, но не решался начать без явного поощрения. Он был во фраке и единственным его украшением был кисейный галстук сомнительной белизны. Наконец, он уже не мог совладать с собою и, забрасывая вперед левую ногу, ковыляя, подошел к Зиновьеву.

- Извините меня, милостивый государь, заговорил он в ту самую минуту, как Алексей Максимыч готовился пройти дальше, - если не ошибаюсь... я, кажется, имею честь говорить с архитектором, г. Зиновьевым...

- Точно так...

- Вы, вероятно, меня не помните, но я уже имел честь встречать вас... Раз даже мы сидели рядом на лекции о спиритизме в Соляном городке... Моя фамилия Бериксон... Андрей Андреевич... Хотя окончание на сон, но я не еврей, смею уверить! Дед из Курляндии, отец петербуржец, мать москвичка!.. Очень, очень рад встретить вас, м. г.; вдвойне рад, чтобы высказать вам... Знаю, м.г., знаю, я все знаю! Знаю, как с вами здесь поступили... и вполне выражаю вам свое сочувствие... Позвольте пожать вашу руку... Все они, я вам скажу...

Тут Бериксон схватил обе руки Зиновьева и, пригнувшись к его уху, шепнул какое-то слово.

- Помилуйте, я совсем не так о них думаю, промолвил, краснея, Зиновьев.

- Думайте, как хотите, но это так!.. Поверьте, я их всех знаю! Этот Воскресенский, это, помилуйте-скажите, просто...

Он снова быстро пригнулся к уху собеседника и снова ввернул какое-то крепкое слово.

- Нам надо бы, однако ж, направиться ближе к церкви, иначе мы опоздаем к выходу из нея, заметил Алексей Максимыч, которому начинали казаться странными выходки незнакомца.

- Пойдемте, пойдемте! с живостью воскликнул Бериксон, захватывая в поспешности одною ногою больше пространства, чем следовало, - я расскажу вам, между тем, что сделал со мною этот самый Воскресенский. Было, знаете, такое предприятие: нашли в одном месте руду; составилась компания; меня послали к нему, как доверителя; подал ему докладную записку. Прекрасно. Проходит месяц, - нет ответа, другой месяц, третий, - помилуйте-скажите, - все ничего! Что ж бы вы думали он сделал? Воспользовался нашим проектом! Кое-что в нем поправил, да и подал от себя в тех видах, изволите ли видеть, чтобы казна этим делом воспользовалась... Казна, понимаете, ему наплевать; шутка вся в том, чтобы выказать усердие, - да-с! Ему, конечно, за это сюда (тут он дал щелчок по отвороту фрака), а нам шиш! Шиш, м. г., и ничего больше!.. Но ведь, кажется, служба кончилась и начали выходить из церкви...

Прежде всего выскочили из толпы два маленькие чиновника, которых Бериксон тотчас же указал Зиновьеву, назвав их попугайчиками; он объяснил, что хлопотливость их особенно возбуждалась в этот день опасным соперничеством одного красивого камер-юнкера и чиновника по особым поручениям, некоего Стрекозина, которым тоже хотелось выказать свое усердие в качестве распорядителей. За попугайчиками потянулись ряды детей - питомцев центрального образцового приюта; они, во всему было видно, не успели еще вкусить от благодеяний нового учреждения; лица их были тощи и зеленовато-бледного отлива; обстриженные гладко под гребенку, в длинных серых кафтанчиках, они казались точно наскоро набранными из больниц; в суете, предшествовавшей торжеству настоящего дня, многим из них вероятно перемешали обувь, потому что некоторые из маленьких, очевидно, путались в огромных сапогах, тогда как другие пожимали ноги от боли в узкой обуви.. Их наскоро устанавливали по обеим сторонам выхода; больше других суетились попугайчики и регент, громадный человек с пучком черных волос на голове и таким лицом, как будто он только что кого-то зарезал.

Из дверей церкви вышел дьякон со святой водой и священник; дальше повалили певчие в казачьих кунтушах с перекинутыми за спину рукавами. За ними вышло несколько лиц из духовенства и выставились шитые мундиры, фраки и разноцветные дамские шляпки; вперед выдвинулся красивый камер-юнкер, также с бантом на груди; к нему мгновенно подскочил Стрекозин; оба поспешно начали упрашивать всех выходивших становиться крыльями по сторонам выхода.

Наконец, дальше показался граф: его приветливая улыбка на устах, в глазах, во всех чертах как бы светилась над головами, который наклонялись по мере его приближения.

Граф вел под руку княгиню Зинзивееву, председательницу комиссии "для предварительных мер против распространения золотухи и родимчика между детьми сельского населения"; за ним шла графиня под руку с дряхлым стариком, который едва передвигал ноги, изнемогая под бременем орденских знаков. Рядом с графиней, - и несколько пригибаясь к ней, - шел Воскресенский, державший в руке ее шаль. "Взгляните, у него опять новая звезда... Помилуйте-скажите, за что же?" шепнул Бериксон на ухо Зиновьеву. Иван Иваныч на ходу любезно разговаривал с баронессой Бук, председательницей "общества для снабжения дешевыми игрушками детей болгарского населения" и т.д.; тут же подле выступали величественная княгини Чирикова и рядом с нею томная благотворительница г-жа Бальзаминова. Дальше теснились другие пары, между которыми, играя локтями, старалась выскочить вперед госпожа Шилохвостова; неподалеку выставилась бледная тоскующая голова

97

молодого графа, недавно привезенного теткой из Парижа; он был в камер-юнкерском мундире.

- Уж испекли, готовь! С которых это пор? шепнул опять кривобокий Бериксон. - Впрочем, прибавил он как бы мимоходом, - истинные, подобные ему таланты, не нуждаются в покровительстве!..

Еще дальше, как волны, надвигались члены совета, попечители, наставники, купцы, среди которых, на аршин выше других головою, выставлялся Блинов, воспитанник Воскресенского по части уменья возбуждать великодушие жертвователей. У всех решительно лица и шеи были красны и влажны, как у выходящих из бани; всем приятно было освежиться; удовольствие это выражалось приятными улыбками, поклонами, пожатием рук, приветствиями.

Выйдя на средину столовой, граф остановился. Е ту же секунду Иван Иваныч отделился от графини и сделал головою выразительный знак; регент сдвинул брови, взмахнул руками, как бы хотел взлететь на воздух, и сотня тоненьких голосов пропела кантату, арочно сочиненную для этого торжественного случая.

- Très bien! - проговорила княгиня Зинзивеева.

- Lis sont pourtant bien laids, - заметила графиня.

- Прекрасно, мои милые... прекрасно! поспешил загладить граф, кивая головою и детям, и регенту.

После этого шествие опять тронулось в обход по всем залам учреждения.

Алексей Максимыч отошел в сторону, но случилось так, что граф его заметил и прямо подошел к нему.

- Очень рад вас видеть, г. Зиновьев, сказал он, останавливаясь, между тем как следовавшие за ним лица обступали его вокруг. - Вот, продолжал он, обводя ласковыми глазами присутствующих, - вот кому мы обязаны прекрасной церковью, которою сейчас восхищались; он ее выстроил, он же так прекрасно ее и украсил! Еще раз благодарю вас, благодарю и поздравляю! прибавил он, намекая на знак отличия, к которому представил Зиновьева.

Шествие пошло дальше. Зиновьев увидел в толпе белокурую голову Лисичкина, но заметил также, что он тщательно старался избегать его взгляда; как только глаза их случайно встречались, Лисичкин изгибался как вьюн и пропадал за соседними спинами. Пред Алексеем Максимычем раз-другой промелькнула также волосатая голова Бабкова и сверкнули его крупные зубы; но и тот также старательно избегал встречи. От внимания старика не ускользнуло, однако ж, что многие останавливали лукавого блондина и хитрого мужика и начинали с чем-то поздравлять их; один из поздравляющих подсунул даже пальцы под орден Лисичкина и несколько раз приподнял его на ладони, как бы желал узнать, сколько было в нем весу.

Но задние пары надвигали на передние и все снова двигались за графом по дороге, расчищаемой перед ним двумя маленькими близнецами и старавшимися сбить их с выгодной позиции красивым камер-юнкером и Стрекозиным, которым также хотелось попасть в луч зрения графа. Он уже исчез вдали, но в задних рядах все еще напирали; шествию, казалось, конца не было; только с того места, где стоял Зиновьев, показывались теперь уже одни спины, шитые воротники и затылки; изредка разве выставлялась из-за бакенбард профиль головы, любезно наклонявшаяся к соседу.

Время от времени из двигавшейся вперед толпы отделялось несколько человек и составлялись у окон отдельные группы. Одна из таких групп образовалась невдалеке от Алексея Максимыча; в ней, - как объяснил ему всесведущий Бериксон, - больше всех заслуживал внимания Блинов. Из того, что говорил теперь Блинов, следовало заключить, что покровитель его, Иван Иваныч, на этот раз обманул его ожидания.

- Помилуйте, твердил Блинов, напирая то на одного из своих слушателей, то на другого и нисколько не скрывая своего негодования, только понижая голос из предосторожности, - помилуйте, я ли не хлопотал для этого заведения? Обещано было и то, и сё, - что ж вышло? Все получили, - я ничего!.. Главное, что обидно? Труды и время потеряны! То, что здесь было мне обещано, я мог получить из другого ведомства...

Он умолк, услышав шум возвращавшегося шествия.

Столы, между тем, были уже расставлены по всей столовой; на одном из них, предназначавшемся для именитых лиц и дам, перед каждым кувертом красовался пышный букет цветов. Два купца, - из коих один известный уже Жигулев, - которых Иван Иваныч уговорил устроить завтрак, с видимым удовольствиен глядели на приготовления и поглаживали бороды.

Пробежали опять попугайчики, шепнули что-то друг другу и разбежались; один устремился к главному официанту, другой к Ивану Иванычу, предупредить, что все готово.

Но теперь уже торжественное шествие двигалось как-то вяло; на всех лицах проступало утомление; многие выражали смертельную скуку. Хотя граф все еще продолжал улыбаться, но видно было, что и он также уходился.

Красивый камер-юнкер, в перебивку с одним из попугайчиков, шепнул что-то Воскресенскому, тот наклонился к графу, граф кивнул головою и повел свою даму к столу, украшенному букетами. Последовал новый знак со стороны Ивана Иваныча. Регент распростер руки, и мальчики, выстроенные рядами, хором подхватили предобеденную молитву. С окончанием пения, место регента заступили два гувернера; один стал во главе мальчиков, другой в конце последнего ряда, и оба повели их куда-то; но дети беспрестанно сбивались и никак не могли попасть в ногу, вероятно, еще по непривычке ходить по паркету, а, может, и потому также, что мысли их путались при виде чудных лососин, обложенных раками, которых официанты поддерживали в отдалении на серебряных блюдах.

Священник, между тем, успел благословить трапезу. Граф опустился в кресло, и все вокруг зашумело, усаживаясь по местам.

- Сядемте-ка рядом, - шепнул Бериксон Зиновьеву.

- Я завтракать не стану...

- Я также... только, знаете, теперь, как-то неловко уйти... Сядемте для проформы...

Алексей Максимыч согласился, и они уселись на дальнем конце стола.

В первое время все как бы успокоилось. Внезапно, со стороны почетного стола, все разом зашумело и все встали. Послышался голос графа. Невозможно было издали разобрать его слои; но в тот же миг мужские и женские голоса слились в один звук; со всех сторон поднялись руки и замахали платки; за первым залпом последовал второй и третий и снова все на минуту успокоилось. Нежданно поднялся Иван Иваныч. Бокал дрожал в его руке; большие мясистые уши его были бледны, как у мертвеца; белые зрачки его беспокойно задвигались по направлению к тому месту, где сидел граф. Наступило молчание.

- Милостивые государыни, милостивые государи! проговорил он глухим, взволнованным голосом, - всех нас соединило здесь одно чувство, - чувство благодарности, чувство сердечной признательности к тому, кто поспешил ответить на душевный желания наши, прибавив к существующим уже благотворительным учреждениям любезного нашего отечества новое убежище для неимущих и страждущих... Новое учреждение есть не что иное, как выражение высокой души его учредителя... Он положил в него свою мысль, свой труд, свое сердце!.. Здоровье его сиятельства графа! Ура!.. уррра!!.. а!., а!..

Стены центрального образцового приюта дрогнули от напора криков. Со всех концов снова замахали платками и поднялись руки с бокалами. В одно мгновение граф был окружен толпою. Из-под протянутых к нему рук беспрестанно выскакивали головы, часто стукавшиеся друг о дружку. Купец Жигулев нечаянно так сильно двинул подбородком в глаз одному из попугайчиков, что тот вскрикнул и чуть не выронил бокала на сапог графа.

Алексей Максимыч не видал этого, но ему потом говорили, что в эту торжественную минуту граф прослезился; он действительно казался растроганным, когда благодарил за сделанную ему честь, и затем предложил тост за здоровье Ивана Иваныча, назвав его своим усердным помощником.

Тут уже пошли один за другим разные тосты. Предлагали здоровье председательниц и председателей, членов совета, великодушных жертвователей, попечителей, наставников и под конец всех сочувствующих делу благотворительности. Граф всякий раз вставал и, слегка приподняв бокал, посылал приветливый знак рукою.

- Граф, я вам скажу, сам но себе добряк, - шептал между тем Бериксон своему соседу, - одно жаль; дал себя оплести Воскресенскому! И хороша, знаете, говядина, а сядет на нее скверная муха - все испортит!.. Тут уже не муха, а целый шмель! Я ведь его насквозь знаю!.. Да и все остальные мне хорошо известны... Вот, например, эту толстуху, которая там пыжится (он указал глазами на Шилохвостову), также знаю... Когда начиналась война, она везде с кружкой ко всем приставала... Раз даже в Летнем саду видел ее в раскрашенной беседке, - знаете, где разыгрывали томболу для каких-то сирот... Сама, знаете, вертит одной рукой колесом и всем умильно улыбается, а другая-то рука, - смотрю: шлеп за спиною какую-то девочку из самых этих дежурных сирот... Также, знаете, благотворительница!..

Стук ножами и вилками о тарелки и стаканы неожиданно прервал Бериксона. За одним из столов поднялся лысый господин с распушенными рыжеватыми бакенами; дав тишине установиться, он обратился лицом к графу и начал говорить речь.

- Все врет, не слушайте! принялся снова нашептывать Бериксон. - Я его также хорошо знаю; сегодня говорит о милосердии, вчера распространялся о пользе общественных клозетов... Говорить обо всем с одинаковым чувством, и речь всегда одна и та же: только слова переставляет... Также, знаете, деятель и благотворитель! Кого он облаготворил - неизвестно, но себя облаготворил наилучшим манером; смотрите-ка, как украсился! Ну, и чин также... и другим также кое-кем округлил себя... С последним чином случилась даже история: получил он его за бал.

- Как за бал? невольно вырвалось у Зиновьева.

- Да, за костюмированный бал, который устроил он с француженками для "Общества Полярной звезды"; говорят даже, одну из этих француженок возили почти раздетую в какой-то колеснице, под тем предлогом, изволите ли видеть: Флору, богиню цветов, изображала... Представлен был к следующему чину; в тот год это была уже третья награда; первую получил из тюремного ведомства, вторую за особенные заслуги, как член совета попечительства о слепых вдовах, третью через посредство "Полярной звезды"; многие из них так делают; у каждого по нескольку таких лазеек: здесь не выгорело, тут цапнет! Я их всех знаю, этих благотворителей, или, вернее, акробатов благотворительности... И между ними как какой-нибудь Чинизелли...

- Чинизелли? - спросил удивленный Зиновьев.

- А Воскресенский-то! Разве он не директор благотворительного цирка?.. А тот-то, смотрите, все еще не кончил своей речи; все тянет свою канитель, не замечая, что всех уже начинает тошнить от скуки...

Бериксон был прав. Всюду, куда ни обращался взор, головы принимали наклоненное положение; на лицах, смотревших прямо, изображались тоска и уныние; некоторые из присутствующих, не церемонясь, разговаривали. Другие начинали выказывать явные знаки нетерпения. В зале становилось нестерпимо душно: к тому же, сумерки заметно надвигались. Голос оратора едва уж слышался; наконец, он замолк; кое-где слабо захлопали в ладоши; но звуки эти мгновенно пропали среди внезапного гама голосов, шарканья ног и шума передвигаемых стульев. Все вдруг задвигалось и заколыхалось.

Случайно ли, или умышленно, но в общей суете Алексей Максимыч потерял всесведущего Бериксона. Он думал о том только, как бы скорее выбраться к выходной двери, заблаговременно попасть в прихожую и отыскать свое пальто. В прихожей так уже стемнело, что едва можно было различать лица, Зиновьев рассмотрел Блинова потому только, что тот стоял неподалеку от него и у самого окна. Черты Блинова были по-прежнему напряжены и выражали расстройство; надевая медвежью шубу, он, в то же время, горячо о чем-то толковал двум господам, стоявшим перед ним в шляпах. Зиновьев, проходя мимо, расслышал только следующие слова:

- Надул, надул!.. Я бы пальцем о палец не ударил, кабы знал прежде... помилуйте, потерял здесь то, что мог получить из другого ведомства...

Зиновьев очень обрадовался, когда успел, наконец, выбраться на свежий воздух.

Предположения племянника и Маруси нисколько не оправдались; дедушка вернулся домой действительно не совсем веселым, но затем не последовало ничего особенно неблагоприятного...

XVI

Два года спустя после освящения церкви и открытия центрального образцового приюта, под осень, в квартире Зиновьева было необыкновенно весело. Не считая, что это был день его рождения, в этот день праздновалось также возвращение Сережи из Италии, где провел он год после получения в академии, за свою программу, первой золотой медали. Немало прибавляло к радости еще то обстоятельство, что Сережа возвращался не с пустыми руками. В Италии он познакомился с русским богачом и по его заказу исполнил ему проект дома; проект понравился, и молодому архитектору поручено было его исполнение, как только он вернется в Петербург.

Сережу также ожидала дома приятная новость: академия купила у дедушки весь запас его рисунков, обязавшись ежегодно выплачивать ему известную сумму.

Но радости и горе никогда по свету не ходят одиноко. Если уж то или другое повернулось лицом, так уж валит безо всякого удержу.

Месяц спустя, новая радость посетила дом Алексея Максимыча: праздновалась свадьба давно, можно сказать, с самого детства полюбивших друг друга Маруси и Сережи. Посторонних никого почти не было, но от этого не было скучнее. Алексей Максимыч так расходился под вечер, что не удовольствовался танцевать с молодой, но протанцовал, выделывая по-старинному маленькие вычурные па и балансе, две кадрили, - одну с Катей, другую с Соней.

Если в течение этих последних дней ни разу не говорилось о неприятностях, испытанных когда-то дедушкой при постройке церкви центрального образцового приюта, на этом вечере подавно никто об этом не вспомнил. В случае, если б кто-нибудь и вздумал коснуться этого предмета, он встретил бы со стороны дедушки полнейшее равнодушие. Он и прежде, в трудные дни, не помнил зла, - до таких ли чувств было ему теперь, когда сердце переполнялось столькими радостями?

Ему редко даже приходили на ум лица, с которыми имел он дело при постройке церкви. Ни с кем из них он никогда не встречался. Живя постоянно в семье и окруженный художественными интересами, он, без всякого сомнения, совсем бы забыл о них, если б, проходя однажды по Невскому проспекту мимо Милютиных лавок, не встретил случайно кривобокого Бериксона.

- Помилуйте-скажите, воскликнул Бериксон, обрадовавшись ему, как будто они не только вместе детей крестили, но родились от одной матери, - куда вы тогда пропали?

- Когда? спросил удивленный Зиновьев.

- Да тогда, после этого обеда! с такой живостью подхватил Бериксон, что можно было думать, будто обед, о котором он говорил, происходил накануне. - Очень рад встретиться... Сейчас узнал новость... Но, может быть, вы уже слышали?..

- Нет...

- Тем лучше! Вообразите: Воскресенский получил новую награду!

103

Представлен был к ней обществом "Распространения нравственных правил в низменных классах петербургского населения и преимущественно между ломовыми извозчиками"... Что вы на это скажете?

Нимало не смущаясь тем, что собеседник ничего не возразил, Бериксон продолжал с возраставшим воодушевлением:

- А граф-то, бедный граф! Представьте: лишился сына! В каком-то ресторане, в четыре часа ночи, - хлоп - и не стало! Памятник поручен архитектору Бабкову... Разумеется, Воскресенский подвернул его графу. Он теперь выводит Бабкова; у них общее дело: строят новый приют для общества "Призрения детей штукатуров и кровельщиков, лишившихся жизни во время производства работ"... Тут, понимаете, опять сюда попадет! (Бериксон выразительно щелкнул себя по левому отвороту пальто). Ну, а с живописцем, которому тогда протежировал, разошелся. Живописцу хотелось, - вынь да положь, - сделаться главным преподавателем рисования в образцовом приюте; разумеется, с тем опять, чтобы что-нибудь сюда зацепить (тут Бериксон снова пустил выразительный щелчок в левый отворот пальто). Воскресенский сначала было определил его, но тут же оказалось, что живописец совсем рисовать не умеет! Ну, ему и отказали; он принял это в обидную для себя сторону, рассердился и теперь ищет другую лазейку... С этой толстой... как бишь ее?., да, Шилохвостовой... также случилась история; я не успел еще точно расследовать, в чем дело, в чем собственно ее уличили, - знаю только, что уличили!.. Но она дама юркая, вывернется! Как-нибудь свои же выручат; общий интерес, знаете! "Благотвори сколько хочешь, забирай сколько можешь, но не доводи до скандала", - вот и вся задача... И они правы, м. г., правы! Пример перед вами, живой пример, - заговорил, воодушевляясь, Бериксон, - не имев возможности действовать по благотворительной части, я, м. г., как родился, так и остался; мне за пятьдесят лет, - удостойте меня взглядом; у меня ничего нет; даже медалишки какой-нибудь, и той не имею! Будь я благотворитель, не то бы было! Благотворительность, скорбь о народе, общественная польза, забота о ближнем для иных, доложу вам, тот же банк; клади в него все, что имеешь, - получишь самые крупные проценты!..

- Вы, кажется, слишком уж строги, произнес Алексей Максимыч, с тем, чтобы сказать что-нибудь, - не все же так... есть исключения; по-моему, благотворительность...

- Вы как ее понимаете, осмелюсь спросить?

- Право, не знаю, как объяснить вам... Делать добро просто...

- Просто! не дал опять договорить Бериксон. - Просто! Это значит по-христиански: помогай так, чтобы правая твоя рука не знала, что совершает левая! Я против этого ничего не имею; да и кто ж против этого что-нибудь скажет? Я говорю о той благотворительности, которая мечется в глаза и оскорбляет в нас и нравственное, и религиозное чувство! Помилуйте-скажите, какая тут благотворительность, когда одни жертвуют деньги с тем, чтобы получить что-нибудь, а другие на эти деньги благотворят с тем, чтобы также получить... но уже не что-нибудь, а гораздо больше первых: пролезть в люди, сделать себе карьеру, нахватать всяких земных благ, и все это, сударь мой, на счет сирот, вдов и калек всякого рода, на счет того, изволите ли видеть, что их очень уж глубоко затрагивает общественная польза и народные скорби? Ну, что же это, помилуйте-скажите, если не фиглярство, не шарлатанство, - хуже этого: не пройдошество и не надувательство? И есть же, помилуйте-скажите, люди, которые им верят! И все сходит им с рук, - все решительно! В древней Греции, говорят, было такое племя: хиосцами называли; им по указу каких-то эфоров дозволялось пакостить всенародно, так же вот, как и этим благотворителям... Они пакостят, всем тошно, а им ничего, только процветают!..

Но на этом месте пути Алексею Максимычу надо было поворотить влево к Казанскому собору; он распрощался с Бериксоном и был рад-радешенек, когда доплелся домой и очутился в семье своей.

АЛЕКСЕЙ ЧЕМЕЗОВ

I

В первой половине сентября два чиновника, - Ефремов и Социперов, возвращаясь домой из департамента, проходили по средней, главной аллее Летнего сада.

Сад казался совершенно пустым. Чиновники, не стесняясь, громко разговаривали, рассеянно поглядывая на деревья; их мало, по-видимому, занимало действие осени, которая между тем на всем уже сильно чувствовалась.

Деревья стояли наполовину обнаженными; верхушки их, совсем голые, уныло чернели на сером небе с двигающимися дождевыми тучами. В нижней части оставалась еще кое-где зелень; но и ее повсюду донимал желтый лист, смотревший, в свою очередь, сморщенным, раскислым, местами тронутым точно ржавчиной; он отпадал безжизненно при малейшем колебании воздуха. Вокруг все было тускло, сыро, неприветливо. Единственным светлым пятном выставлялось со стороны Царицына луга мокрое шоссе; выделяясь беловатой, грязно-серебристой полосой, оно резко било в глаза между стволами старых лип, почерневших от дождей; по шоссе тащился, сильно надавливая щебенку, воз, навьюченный домашним скарбом запоздавшего дачника. Дальнейшие предметы принимали неопределенный облик, уходили в сырую, липкую мглу, неприятно проникавшую в бакенбарды и осыпавшую одежду влажной пылью.

Словом, наступала та пора, когда жизнь снова переливает в город, когда окрестность глохнет и вымирает, дачи уныло посматривают своими заколоченными ставнями на клумбы с повалившимися и почерневшими георгинами, - когда коренной житель Петербургской стороны, встав утром и взглянув в окно, дребезжащее от мелкого дождя и ветра, обращается к жене и говорит ей: "Ну, душенька, дождались: пошла теперь эта кислота!.."

Но возвратимся к Ефремову и Социперову, продолжающим отпечатывать подошвы на сырой дороге Летнего сада.

- Скажи мне на милость, что же дешево в Петербурге? - Все дорого! - говорил Ефремов, очевидно, продолжая начатый разговор,- видишь: хожу до сих пор в какой покрышке! прибавил он, сымая плетенную из цветной соломы шляпу, причем на голове его дыбом поднялась туча сухих волос цвета перца с солью, - собирался вчера купить картуз: - семь рублей! Приступу ни к чему нет! Все дорого! Что у нас дешево?..

- Ну, теперь пошел!.. Пошел, - благо попал опять на любимую точку, - перебил Социперов, - человек также с проседью, но завистливого, сухощаво-желчного вида и постоянно кусавший ногти, даже когда стоял во время доклада за стулом директора.

Наружность Ефремова представляла совершенно противоположный тип, и внешность вполне отвечала характеру.

Это был человек лет пятидесяти, рослый, тучный, с лицом круглым как полный месяц, но, вопреки сходству, отражавшим не меланхолию, а веселость, свежесть и здоровье. Ребенком он был, без сомнения, то что называют: кровь с молоком. К выражению веселости прибавляли в значительной степени: вздернутый коротенький нос, рассеченный на кончике, большие серые глаза на выкате как у лягушки и беспечная, размашистая походка, сообщавшая его животу беспокойное колебание из стороны в сторону. Двигая на ходу толстыми руками, Ефремов никогда, по-видимому, не довольствовался числом приятных собеседников, но всегда как бы порывался вперед и выпучивал глаза, стараясь приискать нового весельчака. Когда таковой показывался, лицо Ефремова вдвойне начинало сиять от удовольствия, одышка усиливалась от нетерпения, голос хрипел, как труба старой шарманки перед началом арии, и толстые его губы заблаговременно складывались подушечкой, приготовляясь к сочным поцелуям; он целовал обыкновенно в засос, крепко нажимая в обе щеки, неизбежно влеплял всегда три поцелуя,- мало озабочиваясь тем, нравилось иль нет такое выразительное изъявление радостных чувств.

- Толкуй, потешайся! - продолжал Социперов,- как ни дешевы, по твоему, эти статские и действительные, нет однако же города в целом свете, где бы они имели столько значения!.. Да, любезнейший, сколько ни вертись, сила, в них и ни в ком другом; - сила так сказать: роевая, стихийная! За что ни возьмись, куда ни сунься, везде их найдешь: сверху, снизу, с боков...

- Даже носом тянешь вместе с воздухом! - слышишь: гарью пахнет! - смеясь перебил Ефремов, опахивая шляпой лицо, раскрасневшееся как в июле.

Он самодовольно тряхнул крутыми плечами, вынул из бокового кармана лопнувшую кожаную сигарочницу с вылезающими отовсюду толстыми папиросами и, подавая одну из них товарищу, спросил:

- Хочешь исходящую?..

- Спасибо; только что курил, - отвечал тот, раздраженно кусая ногти.

Ефремов втянул в себя целое облако дыма, подержал его между

выпученными щеками, плотно сжав губы, и продолжал, выпуская дым под нос маленькими струйками:

- На все твои доводы скажу, братец, следующее: кому как! Для меня, например, чин действительного - тоже, что петля на шею... Постой, Семен Семенович, не перебивай, дай сказать: - именно петля! На днях еще директор говорит мне: "Воля ваша, Петр Никанорович, так невозможно; вы, говорит, одиннадцать лет сидите без производства; что ж, наконец, другие скажут?.." - "Христом Богом, говорю, оставьте меня, ваше превосходительство, на прежнем положении; от этого, говорю, зависит судьба семейства!" - "С вами, говорит, ничего, видно, не поделаешь,- оставайтесь, коли такая охота!.." И в самом деле, вникни: теперь я секретарь; место штатное; кроме жалованья по окладу, получаю из остаточных сумм добавочные, квартирный, выдают на воспитание детей. Произведут в действительные, с того дня: тютю секретарство! Скажут: "Нет, брат, шутишь, не по чину; ступай к тётеньке!" - "Куда, спросят, девать нового генерала?" - "Валяй его в заштатные!" С протекцией причислят тебя к какой нибудь комиссии... для сокращения комиссий... Простись тогда, душка Петр Никанорович, с окладом и другими блезирами из остаточных! - "Нет, скажут, здесь не полагается!" Вот тебе и выгода вся от вашего превосходительства!

- Я касался не только по служебным отношениям; я главным образом говорил о значении чина в общественном смысле...

- В общественном! Скажите, какая невидаль!

- Глумись! Глумись!.. Факт тот однако же, что действительный представляет нечто в самом деле, действительно существующее, тогда как без этого предоставляется разве только право на существование...

- Существую однако ж, видишь!, - произнес Ефремов, выпучиваясь на ходу и похлопывая по животу, который загудел при этом, как пустая бочка. - С одним разве можно согласиться; очень уж лестно: до действительного живешь так себе, хлеб жуешь, как мы теперь грешные; - ну, а как произведут, - с того самого дня начнешь считать себя умнее других! "Мелюзга, значит, все остальные!.." Что ж, наконец, скажи на милость: неужто в самом деле тебе так уж этого хочется? спросил он, насмешливо поглядывая на товарища. Знаешь что? подхватил он, не дождавшись ответа, прибегни к известному способу, вернее нет: насаливай всем и каждому!

- Хорош способ, нечего сказать...

- А что ж - дурен? Повторяю: нет его вернее! Когда надоешь до тошноты, - так надоешь, что не будут знать, что с тобою делать, - непременно произведут... чтобы скорее отделаться; без особой протекции позаботятся даже перевести в другое ведомство... Так сделал Худосокин; так сделали Чирков и Вафлин: все теперь действительные!

Социперов не обижался выходками Ефремова, потому что никто этого не делал в департаменте, по привычке считать Ефремова малым хотя и распущенным, но в сущности добряком и забавником. Глядя, однако же, с каким увлечением кусал он ногти, можно было думать, разговор с сослуживцем задевал чувствительное место его тайных побуждений. Грызть ногти было потребностью, выражавшей внутреннее состояние его духа, беспокойно и постоянно съедаемого завистью. Виною всему был младший брат Социперова, сделавший неожиданно видную карьеру. Последнее произошло следующим образом: тогдашний министр, подписывая бумаги, имел привычку оканчивать подпись красивым завитком. Сделав, однажды, такой завиток и как бы полюбовавшись им, министр обратился с приятной улыбкой к директору и сказал: "quelle belle plume!.." Перо в тот раз чинил регистратор Социперов младший. Его немедленно приставили специально к такой должности. Когда министр поехал делать обзор по России, - Социперов находился уже в числе сопровождающих. Зимою, после того как он у камердинера министра окрестил сына, - его еще заметнее выдвинули; вскоре он сделался необходимым лицом; ему давали разные домашние поручения; жена министра посылала его в кондитерскую за буль-де-гомами для детей. Два года спустя, министр поручил ему осмотреть и обревизовать контору собственного имения. С тех пор и пошло, и пошло,- чем дальше, тем успешнее. Теперь Социперов младший был в чине действительного статского советника и деятельно хлопотал о придворном звании, которое, по его мнению, должно было окончательно установить его в избранном обществе. Социперов старший, испытав бесполезность прибегать к протекции брата, ненасытность которого сравнивал всегда с аравийским песком: "сколько в него не лей,- все мало",- пускался летать на собственных крыльях; он пробовал втираться в разные благотворительные общества, имея перед глазами разительные примеры скорого выдвигания на этом выгодном поприще; пробовал даже сделаться членом комитета сиротского училища, учрежденного специально с целью доставлять членам случай ходить с докладом к влиятельным сановникам и через них пробиваться к высшим должностям, - ничего не помогало. Он, очевидно, или не нравился дамам-попечительницам, или просто не умел. как следует, угождать и подделываться, что - мимоходом сказать, - совсем происходило против его воли.

Его вообще не долюбливали в департаменте. Один Ефремов сходился с ним чаще других и то потому больше, что решительно не понимал, чтобы можно было кого-нибудь особенно любить или не любить.

В глазах Ефремова, - как сам он выражался: "все одинаково не стоили кошачьего хвоста перед добрым куском кулебяки с сижком и визигой, благородной бутылкой вина и честной сигаркой!" Ефремов принадлежал к числу чиновников случайных, попавших на службу потому, что в данную минуту не оказалось другого поприща к существованию, и оставшихся на месте частью по привычливости нрава, частью по лени. Сел, так уж скучно как-то передвигаться. Он определился в департамент но выходе из университета, вскоре женился, - женился, как сам говорил: "не зная для какого лысого беса", - и прижил, тем не менее, целую ораву детей. Но семья и департамент никогда собственно не были прямою целью его жизни; то и другое осуществляло горькую необходимость. Целью жизни Ефремова были: закуска, трактир, веселая компания.

Всем возможным статским и другим советникам предпочитал он кружок мелких актеров, художников и других незатейливых, но бесцеремонных и разбитых, веселых малых. Он никогда не колебался между необходимостью заказать новое пальто или отдать последние деньги за членский билет в купеческий клуб - где по его словам: "готовили осетрину с оливками и грибной подливкой, как нигде во всей вселенной!" Отправляя в департаменте служебные обязанности, он неожиданно подходил то к тому, то к другому из товарищей и, чмокая сластолюбивыми губами, сообщал, таинственно припадая к уху: "Приходи-ка, батенька, сегодня в Малый Ярославец; сегодня борщ с потрохами и ватрушки!!.." Или вдруг отрывался от деловой бумаги, делая такое замечание: "Вчера, господа, мне подали у Палкина бифштекс; поверите ли, вот: подушка! страсть просто!..." Он обижался, когда в таких случаях начинали над ним подшучивать, - хотя, надо сказать, никогда ни на ком не срывал сердца; он отходил только с разочарованным видом и задумчиво принимался читать какой-нибудь доклад.

К нему, впрочем, все относились снисходительно; многие даже любили его за всегдашнюю податливость и веселость. Без него не обходилась ни одна пирушка, ни одна свадьба, ни даже похороны, если только последние оканчивались поминкой. В трактирах он состоял. на приятельской ноге не только с хозяевами, но знал всех конторщиков и половых и называл последних обыкновенно уменьшительными именами: "Васенька, Петрушечка, Калистратушка... отрежьте-ка, голубчик, вот отсюда с жирком, пожалуйста..."

Само начальство снисходительно на него смотрело, "человек семейный, не умевший сделать" себе никакого положения; детей куча. По службе исправен. Внешний вид мог бы быть, конечно, благоприятнее; но семья! тесные обстоятельства; - трудно требовать!" - рассуждало начальство, не столько, конечно, руководясь в этом случае сердобольным увлечением, сколько взглядом, почерпнутым из привычки заботливо и постоянно оберегать собственные интересы. Вне должности Ефремов терпеть не мог говорить о службе и департаменте. Он отзывался о последнем даже непочтительно.

- Ну уж, Петр Никанорович, - сказал, встретясь с ним в ресторане, заезжий господин, приходивший по делам в департамент, - три дня сряду прихожу к вам в два часа, - ни души; во всем департаменте только одни сторожа...

- Напрасно жалуетесь; теперь очень хорошо, возразил Ефремов.

- Ну уж хорошо, - нечего сказать!..

- Вы бы лучше летом пришли...

- А что?

- Тогда совсем никого не бывает.

Господин пожал плечами, искоса поглядывая на Петра Никаноровича, но Петр Никанорович, как ни в чем не бывало, продолжал с увлечением уплетать ветчину, заливая ее дримадерой, захваченной по дороге в погребе Шитта. Он жалел только, что в эту минуту не находилось доброго товарища, чтобы рассказать скоромный анекдот, от которого чесался язык, и затем увлечь его к немцам в общество "Пальма", где в этот вечер должны были играть две цитристки, только что приехавшие из Риги. Плевать хотел он на тех, кто совался говорить "по дружбе", что с его способностями он мог бы сделать карьеру и пойти куда как далеко, вместо того, - что ж? - "весь пошел только в живот!"

- Ну и пошел в живот, зато видишь: круглый! не чета твоему! - заключал Ефремов, раздувая щеки, выбритые всегда как у актера.

Продолжая беседовать, Ефремов и Социперов незаметно подходили к той части аллеи, где начинаются бюсты и статуи, когда последний, неожиданно остановив товарища, указал ему на одну из боковых аллей сада.

- Ба! да это никак наш Чемезов? сказал Ефремов, пристально всматриваясь, - три дня в департамента не ходит, больным сказывается, а сам, голубчик, изволит прогуливаться в Летнем саду... Гм! Пришел должно быть тоску разогнать. Еще в апреле жена умерла, теперь сентябрь, - и все, сдается мне, забыть не может! Чудеса, право! Сто раз говорил ему: оставьте, пренебрегите, воротить назад невозможно, - не берет! Даже похудел... ей-Богу! Надо пойти поговорить с ним...

- Оставь его. Пожалуй на пароход опоздаем...

- Еще первого свистка не было. Нет, надо пойти, поговорить; хотя и не нашего прихода, - все же, братец, товарищ... заключил Ефремов, увлекая Социперова в боковую аллею, по которой, шагах в двадцати и спиною к ним, медленно выступал человек маленького роста.

Услышав за собою шаги, он обернулся и, казалось, очень неприятно был поражен неожиданной встречей. Он овладел однако же собой; в углах

111

рта оставалось только подергиванье, свойственное нервным людям, когда они чем нибудь-недовольны.

Как все мужчины мелкого сложения, Чемезов казался гораздо моложе своих лет. Стоя за его спиной, можно было биться об заклад, что перед вами молодой человек, если б не выдавала сильная проседь на коротко обстриженном затылке. Лицо не оставляло уже сомнения, что перед вами человек, переваливши за сорок и, кроме того, болезненный, нуждающейся в нравственном спокойствии. Подтверждением этому служили сероватый цвет кожи, коричневый обвод вокруг глаз, множество преждевременных морщинок на висках и на щеках. Некоторые внешние признаки прибавляли к такому впечатлению: судорожное движение в коротеньких, как бы съеженных чертах, низкий, упрямый, настойчивый лоб, маленькие уши, крепко прижатые к голове, черные глаза с желтизною в зрачках, заметно старавшиеся избегать прямого взгляда, - все это с первого разу отдаляло мысль от характера открытого, готового иногда распахнуться и проявить веселость. Выражение внутреннего, сосредоточенного чувства казалось застывшим на лице его. В самой походке его было чтото сдержанное; склоняя на ходу левое плечо несколько на бок, он постоянно как бы от чего-то отстранялся. Одни считали Чемезова гордецом, другие человеком крайне щепетильным, обидчивым, старавшимся избегать возможности неприятных столкновений. Вернее всего было то, что наружность его почему-то менее напоминала чиновника, чем в Ефремове и Социперове, - даром что первый был похож на отставного старого актера, второй - на человека неопределенного звания, - всего скорее служащего по сыскной части.

- Батенька, какими судьбами! Мы думали, вы больны, Алексей Иваныч! - воскликнул Ефремов, протягивая руку.

Чемезов неторопливо подал руку обоим сослуживцам.

- Мне действительно нездоровилось; сегодня вышел в первый раз, произнес он; мне на дом не приносили никаких бумаг; у нас нет ничего нового? - добавил он, очевидно, с тем, чтобы сказать что-нибудь.

- Какие, батенька, новости, все та же канитель!

- Бакланов умер! проговорил Социперов.

- Ах, да, я и забыл: умер; - завтра хоронят! подтвердил Ефремов.

- Вероятно это очень огорчило директора, - равнодушно сказал Чемезов,- он и Бакланов были друзьями с детства...

- Отменно огорчился! - смеясь возразил Ефремов; - вчера приходит экзекутор, докладывает ему: "генерал Бакланов, говорит, скоропостижно скончался сегодня ночью, ваше превосходительство". Он, душка, глазком не мигнул; сказал только: "Распорядитесь скорее, чтобы заняли его квартиру; она как раз, говорит, под моим кабинетом; скоро зима; квартира останется нетопленною,- в кабинете совсем замерзнешь! " Да, эти душки директоры оберегают-таки себя, нечего сказать!.. Не то, что вы, например, Алексей Иваныч, заключил Ефремов, переменяя шутливый тон на сердобольный. - Эх, голубчик, перестаньте! На себя только посмотрите...

- Да, Алексей Иваныч; с весны, вы, действительно, очень переменились... счел долгом вставить Социперов.

Чемезов, не стесняясь, начинал уже выказывать знаки нетерпения. Но Ефремов принадлежал к числу говорунов и трудно было удержать его, когда язык приходил в движение. Он продолжал утешать, советовал о необходимости забыть, пренебречь, развлечься.

- Книжки, Алексей Иваныч, которые вы сочиняете, - это, поверьте, теперь для вас всего хуже! - только мысль сосредоточивает; именно сосредоточивает! Департамента подбавляет также не мало уныния... Прежде всего, верьте мне: развлечение! Дома, например, ни за что не обедайте: больше как-то напоминает! - ходите в рестораны, в трактиры; запишитесь в клуб, вечером идите в театр, благо есть у вас на что покупать билеты... Не всякий ли день, наконец, видим мы людей в вашем положение! Быть вдовцом! подхватил Ефремов, неожиданно развеселясь,. - быть вдовцом! Помилуйте, да это самое милое, любезное положение; для такой цели можно, пожалуй, второй раз жениться, ей Богу!..

В эту минуту со стороны Невы послышался пароходный свисток. Ефремов поднял нос, потянул воздух как лягавая собака и, торопливо пожав руку Чемезову, зашагал к решетке. Увидев подоспевшего Социперова,. кусающего ногти, он спросил только: "Вкусно ли?" и когда тот фыркнул что-то под нос, разразился смехом, от которого запрыгал его живот и побагровели щеки.

Встреча с сослуживцами неприятно подействовала на Чемезова. Он находился в том, более или менее всем знакомом состоянии духа, когда вдруг отпадает охота говорить и думаешь о том только, как бы избавиться от докучливости. С такой целью сказывался он три дня больным и, как только наступал вечер, отправлялся в Летний сад. Там редко теперь можно было кого нибудь встретить.

Чемезов был большой домосед; но после кончины жены домашняя жизнь ему опостыла. Бывали дни, - как сегодня, например, - когда один вид квартиры делался невыносимым, хотелось уйти куда нибудь подальше. С мыслию о потере жены он мало-помалу начинал свыкаться; но вместе с нею неизбежно всегда соединялись воспоминания всего лучшего, всего светлого, пережитого в жизни. Когда они приходили на ум, он ничего не делал, чтобы отстранить их,- хотя сам каждый раз чувствовал себя под гнетом мучительной тоски. Страдая больше всего одиночеством, Чемезов, в такие дни, нетерпеливо всегда желал уединения.

Так и теперь было. Отделавшись от докучливой встречи, он отошел в глухую часть сада и сел на скамью. Горечь воспоминаний, казалось, еще сильнее им овладела. Выражение едкой грусти пробегало иногда по лицу его; грудь подымалась, подавляя вздохи.

Недавно еще просидел он таким образом до поздней ночи. На этот раз, вероятно, произошло бы то же самое, если б не помешал дождик. Чемезов приподнялся с места и медленно направился к выходу.

Начинало смеркаться. Сумерки ускорялись наволоком туч, набегавших от взморья. В воздухе заметно стало больше движения; сад глухо шумел, двигая обезлиственными вершинами. Густой туман наполнял аллеи; стволы деревьев показывались в нем местами как бы стоявшими в воздухе; местами стволы смутно представлялись углубленными, темными пятнами. Дорожки и лужайки между ними пропадали в десяти шагах; во всю глубину сада просвечивала только сквозь туман продольная, более светлая, волнистая полоса, обозначавшая главную аллею. Дождь усиливался и слышно было, как капли били в сухие листья, летевшие во все стороны.

II

Если б Ефремов и Социперов, вместо того чтобы встретить Чемезова гуляющим в саду, могли застать его сидящим на скамье и узнать о настоящих его чувствах, - оба, без сомненья, поспешили бы сообщить об этом как курьезную новость. Всякое известие о Чемезове было находкой в департаменте. Любопытство главным образом возбуждалось исключительностью положения, в которое Чемезов поставил себя между товарищами. Прослужив с ними восемнадцать лет, он, в течение этого времени, ни с кем решительно не сошелся, держал себя постоянно в стороне, особняком, никогда шагу даже не сделал, чтобы с кем нибудь сблизиться. Когда в его присутствии затевалась веселая компания, он особенно всегда как-то съеживался, - точно улизнуть хотел, и кончал всегда тем, что отказывался участвовать. На пирушках, руководимых Ефремовым, он ни разу не был. Вышло как-то так, что все говорили ему: "вы", между тем как это противоречило общей привычке; уж это одно было чем-то охлаждающим при ежедневных отношениях. Он был одинаково учтив, даже услужлив, но в обращении его чувствовалась всегда сдержанность, отбивавшая охоту к панибратству. В департаменте он никогда ни о чем не разговаривал, как о делах службы. "Съеженный человек! Фуфыра! весь на пуговках! никогда не распахнется, - точно немка родила! " часто повествовал Ефремова. В последнем он не ошибался. Мать Чемезова, действительно, была немка.

По адресной книге департамента хорошо было известно местожительство Чемезова: никто однако же никогда к нему не заглядывал; да и нельзя было: он никого никогда не звал к себе. О женитьбе его, происходившей пятнадцать лет тому назад, узнали случайно от Ефремова, прикладывавшего печать к форменному разрешению. Никого даже не позвал он тогда на свадьбу, никого не угостил.

- "Свинтус! - ничего больше!!" - повторял Ефремов несколько дней сряду. С тех самых пор прозвал он его "таинственным монахом" и, как бы не удовлетворившись этим, назвал еще "Фотием"; оба эти прозвища до сих пор шопотом произносились иногда в департаменте. Никогда также никто не видал жены Чемезова, не встречал его гуляющим с ней под руку; когда шел, то всегда в одиночку. С похоронами жены было то же самое: ни приглашения, ни угощения! Узнали об этом после того, как он три недели носу не показывал в департаменте.

Такое постоянство в отчуждении и упорная несообщительность придали Чемезову в глазах товарищей таинственность, которая, более или менее, подстрекала общее любопытство. Стоило заговорить о нем - у всех были ушки на макушке.

Таинственность Чемезова действительно трудно было проникнуть, потому что все в ней основывалось на свойствах довольно своеобразная, сложного характера. В нем заключались как бы два отдельные существа, противоположные друг другу по духу, хотя жившие, по-видимому, в ладу между собою. Одному принадлежало горячее, любящее сердце, нервный темперамент, тесно всегда связанный со способностью сильно принимать впечатления; в удел другому достались по большей части мизантропические свойства: скрытность, замкнутость, крайняя несообщительность, самолюбивая щекотливость, - редко впрочем выказываемая потому, что ее удерживал ум, хотя может быть и неспособный изобрести порох, - но, во всяком случае, рассудительный и спокойный. Одна из этих долей характера дана была природой, - другую образовали обстоятельства жизни.

Чемезову было семь лет, когда скончался отец, - мелкий уездный чиновник, женатый на прусской колонистке. Быв единственным ребенком у матери и страстно к ней привязанный, он был свидетелем, как, год спустя, мать вступила во второй брак; второй отец был тот самый человек, которого он, сколько себя помнил, всегда не любил и боялся. Поселившись с ним под одной кровлей, он возненавидел его окончательно, и вместе с тем, под влиянием страха, принужден был постоянно скрывать перед всеми настоящие свои чувства.

У матери пошли дети; быть может он преувеличивал ее охлаждение к себе, но ясно однако же чувствовал, как, мало-помалу, лишался ее прежней привязанности. Но и здесь надо было думать про себя и не высказываться. Все эти впечатления, начавшие его детство и болезненно отразившиеся на характере в момент его развития, были однако же слабы перед теми, когда, по прошествии четырех лет, скончалась мать и он увидел себя круглым сиротою в руках вотчима; последний еще при жизни покойницы не стеснялся выказывать ему неприязненные чувства. Участь мальчика облегчалась тем только, что он был в гимназии и целую неделю не находился дома.

Около этого времени с вотчимом произошел, как говорится: "казус". Замешанный в какую-то темную историю, он лишился места и отказался платить за пасынка.

Докончив курс на казенный счет, благодаря участию директора, Чемезов, восемнадцати лет, без всяких средств, без пристанища, потому что вотчим вскоре после "казуса" уехал в отдаленную губернию. - предоставлен был самому себе. Он положительно не знал, что с собою делать. Врожденная несообщительность удерживала его от сближения с товарищами, горечь и недоверчивость, успевшие основаться в его сердце, мешали выйти из тяжелого положения.

Чтобы не умереть с голоду, он начал давать уроки детям лавочника, который согласился снабжать его в обмен углом и харчами. Спустя несколько месяцев, Чемезов давал уроки в семействах разных мещан и кунцов. Занятие было не по душе; школа была суровая. Она, правда, приучила его к терпению, к выносливости, - но вместе с тем развила желчь и прибавила замкнутости. Утешительная сторона была та, что он увидел возможность существовать своими средствами. Это обстоятельство ободрило его; он решился провести еще год таким образом, скопить несколько денег, уехать в Петербург и поступить в университет. Он мечтал об этом еще в гимназии.

Двадцати лет Чемезов приехал в Петербург, с шестьюдесятью рублями в кармане, и принялся усердно ходить на лекции. Все, что пришлось испытать ему, как бедному студенту, брошенному на собственный произвол, лишенному всякой материальной и нравственной поддержки, - не могло, конечно, внести примирения в его взглядах на жизнь. Одно к одному, пришло вскоре и разочарование. В лекциях не нашел он того одушевления, какого ожидал; к удивлению, они показались ему холодными, неувлекательными. Он продолжал, однако же, аккуратно посещать их; но уже целью его была не наука, о которой так горячо мечтал он прежде; цель ограничилась тем, чтобы не оставаться лишнего года на курсе и, по выходе, отыскать какое-нибудь поприще и основаться на нем. Невыносимая тягость материальных условий понуждала его к этому.

Тот, кто не испытывал питаться по целым месяцам одним ячменным кофеем с сухарями, не посещал известного рода кухмистерских, где каждый кусок становится поперек горла и принуждаешь себя есть потому, что желудок корчит от голоду, кто не жил в грязных углах, подкидывая вместо тюфяка собственное платье, кто, вместо шубы, не ограничивался в сильные морозы пледом, служившим ночью одеялом, кто не чинил заплат на своем пальто, не знал часто, как вымыть белье, потому что все, что было по этой части, покрывало тело, кто не пережил все это годами, не имея перед собою верной, определенной цели, - тот никогда не поймет, какими запасами прекрасных сил владеет молодость, - никогда не поймет, сколько нужно энергии, силы воли, высокой нравственной подкладки, чтобы, при таких условиях, не сбиться с пути, не упасть духом и, вопреки всему, продолжать учиться, посещать лекции, составлять записки и т. д.

Уроки по полтиннику, иногда по рублю, продолжали и здесь выручать Чемезова. Два лета сряду приглашали его в качестве репетитора в отъезд с семейством. Этот период его существования был очень знаменателен. Тут в первый раз, более чем когда нибудь, выказалось его влечение к литературе; чтение всегда было любимым его занятием; оно превратилось теперь в запой своего рода. Быть литератором!.. Он не смел мечтать об этом, хотя такая мысль начинала мерещиться ему еще в гимназии. Доказательством могла служить тщательно сберегаемая тетрадка стихотворений, написанных за год до приезда в Петербург; были еще: драма из итальянской жизни "Замок Морвено" и повесть "Отверженный"; но последние представляли скорее наброски, чем оконченные произведения.

Литературные занятия, казалось ему, вполне отвечали его вкусам, его характеру, склонному к уединению и мечтательности. Настроив себя таким образом, другой, на его месте, тут же бросил бы лекции и, в пылу возбуждения, послушался бы своего влечения; но у Чемезова, при всей горячности сердца, был ум спокойный и рассудительный, напуганный обстоятельствами жизни, привыкший сдерживать внутренние порывы. Прежде чем пуститься очертя голову, - ему хотелось добиться пристанища, определиться куда нибудь на место, которое дало бы возможность осуществить любимую мечту. Мысль обеспеченья, независимости была прямым следствием горьких испытаний в жизни.

Хлопоты, забеганье вперед, просьбы, ягозливость, уменье подделываться и трогать сердца влиятельных особ, - все это, если бы даже и было в характере Чемезова,- не привело бы, может быть, е желанному результату. Случай лучше выручил. Старый сенатор, которому он четыре месяца переписывал бумаги, определил его в одно из министерств. Там приписали его чиновником четырнадцатого класса в один из департаментов и, неизвестно по каким соображениям, - вернее без всяких соображений, причислили к комитету, специально предназначенному для ученых целей.

III

В департаменте, равно как и в подведомственном ему комитете для ученых занятий, свободного времени девать было некуда. Большая часть чиновников занималась преимущественно гуляньем попарно в залах и коридорах и курила папиросы с таким остервенением, что у всех почти указательный палец желтел как янтарь.

Первым делом Чемезова было заняться пересмотром повести "Отверженный". Ему помнилось, в ней, несмотря на очевидно слабые стороны, были места, писанные когда-то с увлечением. Он прилежно сел за работу. Тут убедился он, что пришлось все переделать от начала до конца. Но, странное дело, никак не предполагали он, чтобы так трудно давалась работа. Все, кажется, ясно представляется воображение, так вот перед собою и видишь,- рукой схватить хочется; начнешь писать- выходит совсем не то, иногда даже совсем ничего не выходит! Он одновременно обдумывал сюжет, или, как говорится, "мотив" другой повести: "Разбитая жизнь", но стеснялся начинать, не зная решительно как приступить к женскому характеру. Ему невольно приходил на память анекдот, рассказанный Ефремовым, с которым он тогда только что познакомился: начальник, распекая подчиненная), замешавшегося в историю с женщинами, сказал ему: "Вы, милостивый государь, слава Богу, не ребенок; вам пора бы знать женщин! Вы разве женщин не знаете?.. - "Помилуйте, ваше превосходительство, смиренно возразил подчиненный, - получая всего триста рублей в год жалованья, могу ли я знать их!.." Чемезов мог бы то же ответить; у него был только другой повод; не столько стесняли его матерьяльные средства в этом отношении, сколько недостаток общественности, враждебная робость и, главное, наконец, - мешала привычка внутренно съеживаться, уходить в себя, как улита, от малейшего прикосновения к ее раковине.

Начитавшись романов, где преимущественно описывались женщины,

118

и трудолюбиво делая отметки там, где черты женского характера отвечали характеру его героини (местами черты и душевные движения были так близки к тому, что он желал выразить, что, казалось ему, он сам сочинил их), - Чемезов наконец победил трудность.

Повесть "Разбитая жизнь", переписанная бисерным почерком, которым отличался Чемезов, лежала на столе.Все это было прекрасно; но предстояло теперь дело также не последней важности; оставалось - шутка сказать! - устроить рукопись, поместить ее в одном из журналов. Чемезов никого не знал из лиц литературного круга. После долгих колебаний решился он наконец отправиться в редакцию ближайшего журнала. Он, к тому же, казался ему почему-то скромнее других.

Прикоснувшись к звонку редакции, Чемезовым овладело ощущение, совершенно обратное тому, какое испытывают лица, одержимые зубною болью, при входе к дантисту; зубная боль, говорят, мгновенно проходит. Чемезов почувствовал усиленное волнение; даже пальцы похолодели и защемило под ложечкой.

- Мне хотелось бы видеть господина редактора...

- Дома нет! отрезал лакей.

В эту самую минуту из боковой двери показался толстый господин, надевавший перчатку.

- Что вам угодно? обратился он к Чемезову.

- Вы господин редактор?..

- Да, но извините, пожалуйста, мне теперь некогда; я сейчас должен уйти...

- Я принес рукопись... Мне бы хотелось...

- Очень хорошо-с, оставьте ее здесь. Зайдите недели через три... или нет, лучше через месяц.

- Через месяц?! невольно вырвалось у Чемезова.

- Вас, кажется, это удивляет?.. проговорил редактор, надевая шляпу, - нельзя же так: взять да и напечатать! Согласитесь сами... Надо сначала прочесть, посмотреть... Мое почтенье! заключил он, торопливо выходя на лестницу.

Чемезов оставил рукопись, надписав на ней свой адрес.

Но прошел месяц и не было ответа.

Думая, что рукопись не успели еще прочесть, находя также неловким налегать и торопить для первого раза, Чемезов принялся с новым усердием за окончательную обделку и переписку первой своей повести: "Отверженный".

Он понес в другую редакцию.

На этот раз встретил его господин, коротко обстриженный под гребенку, с тощим лицом, усыпанным веснушками, и носиком с пуговку, украшенным pince-nez; последний никак не хотел держаться, поминутно соскакивал и снова нетерпеливо насаживался своим владельцем.

- Вы - господин редактор? спросил он.

- Нет... я секретарь редакции, - но это совершенно все равно-с, поспешил он прибавить.

Чемезов смиренно подал рукопись. Название повести, по-видимому, не понравилось секретарю; он кисло улыбнулся.

- Прекрасно переписано, сказал он, перевертывая листы, - сами переписывали?..

- Сам-с.

- Прелестно! Легко будет читать. Раньше недели невозможно... Заходите через неделю, в будущую субботу около этого часа, вы получите ответ.

В назначенный день и час Чемезов отправился к секретарю редакции.

- Здравствуйте, сухо проговорил секретарь и. порывшись в груде взъерошенных бумаг, подал ему рукопись, прибавив:

- Редактор поручил передать обратно... Извините пожалуйста, я теперь очень занят...

- Я желал бы знать, однако же... оторопевшим голосом начал Чемезов.

- Ах Боже мой! чего же вы хотите? Повесть ваша не годится! - Редактор говорит: в ней нет тени наблюдательности с живой жизни, раздраженно перебил секретарь,- это мнение редактора, а не мое; я вашей повести не читал. Редактор утверждает, что в целом повесть отзывается чем-то мертвым, сочиненным...

- Помилуйте, я тут почти ничего не сочинял, писал прямо с натуры... воскликнул Чемезов, задетый за живое.

- Может быть; только, - как видите, - ничего из этого не вышло, резко ответил секретарь.

Чемезов вышел на улицу, крепко сжимая челюсти. На лице его, всегда мутно-бледного двета, показалось несколько красных пятен. Он меньше чувствовал раздражения, чем какого-то пристыженного чувства. Самолюбие было сильно задето, но, главным образом, его огорчали зарождавшееся сомнение в самом себе, обманутые надежды, бесполезность труда, потребовавшего стольких напряженных усилий. "Быть не может, чтобы была тут одна: "мертвечина" как он выразился; я писал припоминая собственные впечатления; все это было пережито и перечувствовано!"... рассуждал он сам с собою.

Немного успокоившись, он на другой день понес "Отверженного" в редакцию журнала: "Созерцатель".

Спустя месяц там также отказались печатать повесть. Поводом служили те же причины: "Нет живого лица; натяжка от начала до конца, везде сочинение, риторика!"..

О другой повести: "Разбитая жизнь" до сих пор между тем не было ни слуху, ни духу. Дни проходили за днями, недели за неделями, - повесть не появлялась в печати. Чемезов послал письмо, но не получил ответа. Он снова написал, - результат был тот же. Он решился, наконец, сам отправиться.

Его встретил тот же лакей и, не дав проговорить слова, объявил, что редактора не было дома.

- Я пришел узнать насчет моей рукописи; я несколько раз писал, но не получал ответа; мне непременно надо знать... начал Чемезов, возвышая голос.

- Кто там?.. отозвался кто-то из соседней комнаты и на пороге распахнувшейся двери показалась знакомая толстая фигура редактора.

- А, это вы?.. Сейчас! произнес он также быстро исчезая за дверью. "Ефим! Ефим!!".. подхватил его голос из глубины соседней комнаты.

Лакей побежал, оставив в передней недоумевающего Чемезова. Минуту спустя лакей вернулся с толстой тетрадью в руках.

- Ваша?

- Моя...

- Извольте взять... возвратить приказано.

- Но мне хотелось бы поговорить с господином редактором, спросить у него...

- Заняты; никого сегодня не принимают, лаконически возразил лакей, отворяя дверь на лестницу.

Не смотря на то, что Чемезов был сильно озадачен, он не упал однако же духом, как в тот раз, когда получил отказ в печатании повести: "Отверженный".

Первое произведение действительно могло быть неудачно: опытности не доставало! Вторая повесть, бесспорно, была основательнее задумана и лучше обработана; в нее, - мимо соблюдения литературных условий, приобретенных некоторым опытом, положены были, наконец, все чувства,- и те, которые тревожили его детство, и те, которые волновали в Петербурге. Работая по ночам над повестью: "Разбитая жизнь", недаром отрывался он от рукописи, чтобы успокоиться от волнения и утирать щеки, увлажненные слезами. Внутренний голос поддерживал в нем веру в этот последний труд. Толстый редактор, без сомнения, завладел только рукописью и не заглянул в нее,- а если и дал себе труд читать, то так, зря, через страницу. Мнение его, наконец, не может еще считаться конечным приговором.

Успокоив себя таким образом, Чемезов подумал прибегнуть к новому журналу, издававшемуся под редакцией литераторов более или менее известных. Главным редактором был писатель с громким именем; каждое произведете его встречалось с восторгом и Чемезов был в числе самых горячих его почитателей.

"Здесь, по крайней мере, будешь иметь дело с авторитетом; узнаешь правду, получишь настоящую оценку..." думал Чемезов.

В редакции его встретили очень приветливо; рукопись принял молодой человек и просил прийти за ответом через два дня в два часа.

В этот день, в министерстве происходило какое-то экстренное заседание; в нем участвовало все начальство департамента и учебного комитета, так что Чемезову ничего не стоило урваться на полчаса; большая часть чиновников и без того разбежалась.

Молодой человек, принявши рукопись, ввел Чемезова в просторный кабинета, уставленный кожаною мебелью, обвешанный по стенам фотографиями разных знаменитостей; столы и этажерки завалены были газетами и книгами. За большим столом стоял, прислонившись к спинке кресла, высокий. белый как лунь господин, в котором, по многочисленным портретам, Чемезов тотчас же узнал знаменитого писателя; он живо объяснялся с другим господином, маленького роста и толстым.

- Извините, пожалуйста, сказал писатель, указывая Чемезову на стул. - я сейчас, сию минуту к вашим услугам.

Чемезов сел на край стула, поглядывая на редактора:

- "Так вот он! вот эта знаменитая личность, сделавшая себе такое славное имя! И какая прелестная, симпатичная наружность!.." повторял он, ощущая внутренно прилив сладостного волнения.

Простившись с собеседником, писатель-редактор обратил к посетителю добродушное лицо и сказал, очевидно стараясь придать голосу как можно больше мягкости:

- Вы пришли... узнать насчет вашей рукописи... вот она... К сожалению, мы не можем ее напечатать...

Чемезов открыл рот, желая сделать вопрос, но точно кость стала поперек горла и он не мог выговорить слова.

- Не можем напечатать, продолжал редактор, видимо чувствуя неловкость,- у вас, по всему видно, - много воображения... Пишете вы очень правильно, - правильнее, чем многие из нас... Но... но этого еще недостаточно. Надо, чтобы произведение удовлетворяло прежде всего в художественном отношении... Товарищи мои и я, мы не нашли этих условий в вашей повести...

- Я старался изобразить то, что сам испытал...

- Да, но этого недостаточно, проговорил редактор, отыскивая мягкие выражения,- надо прочувствовать...

- Прочувствовал! невольно вырвалось у Чемезова, причем он

приложил убедительным жестом руку к груди. На глазах его навертывались слезы.

Редактор едва мог скрыть улыбку и продолжал:

- Да, но и этого недостаточно; надо, чтобы чувства и впечатления сообщались действующим лицам, складывались в живые образы. В вашей повести, к сожалению, нет этого... в ней, странно сказать: чувствуется на всем отпечаток чего-то старческого...

- Мне самому всего двадцать четыре года, с грустью проговорил Чемезов.

- Вот в этом-то и странность! подхватил редактор, добродушно улыбаясь, - сами вы так еще молоды, а пишете, между тем, как... старичок... Вы, кроме этой повести, писали еще что нибудь?

- Писал...

- Печатали?

- Нет...

- Почему ж?

- Отказывали в редакциях...

- Сами теперь видите...

- Я думал совсем посвятить себя литературе; такое занятие всегда меня увлекало, проговорил сквозь слезы Чемезов, я так надеялся, так трудился...

- И продолжайте трудиться, только... неужели нет другого выхода кроме литературы?.. Нельзя разве употребить ваш труд на другое...

При этом Чемезов поднялся с места. молча принял рукопись, поклонился, вышел из кабинета и направился обратно в ученый комитета своего департамента.

В департаменте никто не заметил убитого выражения на лице Чемезова, никогда, впрочем, не отличавшегося особенною веселостью. Давно успели все привыкнуть к его неразговорчивости, склонности забираться в дальние углы, упорно держаться особняком, как "Иван Феклистович Бука", по выражению Ефремова. С окончанием служебного часа, он пошел прямо домой,- в маленькую комнату, нанимаемую в семействе театрального музыканта, в Офицерской улице, и весь остаток дня ничего не ел и никуда не выходил. Ночь провел он без сна, лежа на кровати с заложенными за шею руками. На другое утро было воскресенье. С головною болью, в припадке нервного возбуждения, сел он за письменный стол и, под влиянием всего передуманного и перечувствованного ночью, набросал, сам не зная для чего, но в один присест, очерк своего детства, всю историю, как его мать вторично вышла замуж, как остался он круглым сиротой, как попал под опеку вотчима и остановился на поступлении своем в гимназию. Он писал на этот раз, вовсе не думая о литературных условиях, но единственно желая удовлетворить внутренней потребности высказать подавлявшие чувства.

Несколько дней спустя, обратился к нему случайно в комитете редактор детского журнала: "Незабудочка", желавший навести справку о том, в каком положении его дело и есть ли надежда на принятие для народных школ последней его книжки: "Соха и плуг. - Рассказы для молодых крестьян". Редактор сильно жаловался на стеснения цензуры вообще и в особенности на трудность приобретать статьи, специально предназначаемые для детского возраста. Крупные литераторы ничего для детей не пишут, средние дороги, мелкие так небрежны, что Боже упаси! Просто хоть отказывайся от издательства "Незабудочки".

Возвратясь домой, Чемезов переписал обычным бисерным почерком рассказ о своем детстве и послал его к редактору "Незабудочки", надписав на рукописи только адрес, но скрыв свое имя.

Предоставляю вам судить, как он изумился и вместе с тем обрадовался, когда неожиданно получил книжку "Незабудочки" и нашел в ней свой рассказ, целиком напечатанный! Редактор прибавил от себя только название "Сироточка" и ничего больше. Книжка сопровождалась письмом. Редактор благодарил, ото всего сердца, неизвестного автора, убеждал не скрывать своего имени,- спрашивал о гонораре и горячо убеждал "не отказать вперед в просвещенном сотрудничестве". У Чемезова точно крылья вдруг выросли; мудреного нет: ему только минуло тогда двадцать четыре года и это была первая его радость, первая удача в жизни.

Восторженная встреча редактора "Незабудочки" окончательно его ободрила. Радостно взволнованный, он высвободился из его обятий, чтобы испытать горячее пожатие руки жены его и затем существенное пожатие руки свояченицы, - главной заправительницы "Незабудочки". Редакция исключительно состояла здесь из женщин и, сколько можно было заметить, преимущественно из тоскующих вдовиц и девушек, напоминавших цветы, которые забываются на клумбах в сентябре месяце. Единственным представителем мужского пола был только сам редактор,- маленький человек, крайне суетливого, озабоченного вида, но впрочем приветливый и добродушный. Он тут же предложил Чемезову по двадцати рублей с листа и поручил сделать к следующей книжке "маленькое сокращение Робинзона Крузо".

- Гонорар останется обязательно тот же, заключил маленький редактор,- оригинально-ли произведете, переделки-ли,- все равно; как тут, так и там, ваше перо будет у нас одинаково цениться...

За сокращением Робинзона Крузо последовал сокращенный "Переход Суворова через Чортов мост", для ремесленных училищ первого возраста, и затем "сокращение" того же предмета для детей второго возраста.

За сокращениями следовали иногда "переделки". Разнообразие главным образом состояло в пригонке одного и того же сюжета в разным возрастам. Маленький редактор был в восторге от нового сотрудника. Сотрудник, с своей стороны, был также очень доволен. Трудолюбие было в его природе; род занятий отвечал его вкусам, скромному, невзыскательному характеру, и вместе с тем, улучшал его материальные средства; последнее было весьма важно для Чемезова, постоянно мечтавшего о независимости, о возможности быть всем самому себе обязанным. Мечта эта зародилась в нем еще при выходе из гимназии, под гнетом тогдашних невыносимо тяжелых условий.

Чемезов получал триста рублей жалованья; благодаря "Незабудочке", ему теперь на худой конец приходилось в месяц до шестидесяти рублей, иногда даже до восьмидесяти. Так прошло два года. В конце этого времени у Чемезова образовалась даже маленькая экономия. - "Незабудочка" существовала положительно его трудами; подписка на нее улучшалась. Время от времени из провинции получались в редакцию письма, выражавшие благодарность за ту или другую статью. Восторженно читая эти письма сотруднику, маленький, добродушный редактор не мог равнодушно смотреть на холодность, с какою Чемезов выслушивал обыкновенно эти послания; от него часто, слова нельзя было добиться; он ограничивался тем только, что стыдливо краснел. При всем своем желании, редактор до сих пор не мог свести его с семейством, не мог сойтись с ним по душе, как бы хотелось. Дамы редакции также на это жаловались.

- Милый, но дикий молодой человек! говорили они.

В ученом комитете пронюхали между тем насчет "приватных" занятий сослуживца; слух пошел дальше и вскоре стало известно во всем департаменте, что в стенах его скромно процветает сочинитель. Ефремов начал было подтрунивать и приглашать Социперова последовать его примеру, но оба сочли вскоре более благоразумными оставить Чемезова в покое.

Директор выписывал для детей "Незабудочку" и жена его несколько раз отзывалась с величайшей похвалой мужу о нравственном направлении этого почтенного издания. Он не знал, что Чемезов, подписывавший под статьями (таково было настоятельное требование редактора, уверившего сотрудника, что в сфере педагогики имя его начинало делаться известным), был тот самый маленький, невидный Чемезов, служивший под его начальством. Он призвал его в кабинета, похвалил и при первом случае представил к следующему чину.

Действительно ли поверил Чемезов в некоторую известность своего имени в сфере педагогики, или просто захотелось ему попробовать самостоятельности, - но только он вскоре предпринял новый труд, не рассчитывая уже поместить его в "Незабудочке". Напрасно, чуть не со слезами на глазах уговаривал маленький редактор, - Чемезов настоял на своем и, отчасти благодаря скопленным деньгам, отчасти кредиту в типографии, издал "Сокращенное путешествие по святым местам, для детей от десяти до четырнадцатилетнего возраста".

Директор позвал однажды Чемезова в кабинет.

- Скажите, Чемезов, - это ваша книга? спросил он, указывая на "Сокращенное путешествие".

- Моя, ваше превосходительство, робко отвечал Чемезов, оторопев от неожиданности.

Скромность, отличавшая подчиненного, всегда нравилась директору; он всегда любил видеть в нем молодого человека аккуратного, приличного; качества эти, особенно достойные похвалы со стороны сочинителя, обратили на себя особенное внимание начальника.

- Отчего же не представите вы книгу вашу в комитет? спросил он.

- Думал, ваше превосходительство... но как-то не решался...

- Прекрасно; будьте всегда так скромны, молодой человек; скромность служит... гм.! лучшим украшением... Хорошо-с, я за вас представлю вашу книжку.

В тот же месяц книжка была единогласно одобрена комитетом и принята для учебных заведений.

Успех неожиданный! Чемезов не успел очнуться, как уже потребовалось второе издание, за которым последовало третье. Он решительно терял голову. Чувство не то смущения, не то радости попеременно овладевали им при виде стольких денег. Но уже в голове его зарождались планы новых изданий. Он мало-помалу пришел в себя и успокоился.

Он нанял в Средней Подъяческой квартиру из трех комнат, взял старуху-кухарку и деятельно принялся за работу.

Единственным развлечением было угловое окно его квартиры, выходившее на двор, отгороженный со стороны улицы старой деревянной решеткой. В левой части двора, под самым окном Чемезова, находился садик из трех акаций, куста бузины и полуобвалившейся беседки; за ними скрывалась сырая стена соседнего дома с черепками битой посуды у фундамента. Зимою, когда все это заваливало снегом, смотреть, конечно, было не на что; но в летнюю пору двор с садиком имел свою приятность. Чемезов, по крайней мере, когда уставал, охотно усаживался под вечер у окна со стаканом чая. Обдумывая новые книжки по части педагогики и мечтая о будущем, он иногда просиживал здесь до поздней ночи.

IV

Против дома, где жил Чемезов, по ту сторону улицы, наискосок от сада, находился большой дом, вмещавший в нижней его части красильное заведение, мелочную лавочку и модный магазин. На вывеске последнего обозначалось золотыми буквами: "Madame Vera. Моды и платья". По вечерам, когда магазин запирался и оставались те из работниц, которые в нем постоянно жили и ночевали, - оне обыкновенно перебегали улицу и входили в садик. Таких девушек было четыре: три большие, одна подросток.

При всей своей скромности, Чемезов успел однако же заметить одну из них. Предметом его любопытства была блондинка лет семнадцати, с круглым, миловидным лицом и большими серыми глазами; она была маленького роста, не худощавая и не толстая, и без признака румянца,- как это часто встречается на лицах работниц, просиживающих по двенадцати часов в тесных комнатах без воздуха.

Чемезов стал сам себе удивляться. До сих пор женщины, как уже сказано, - мало его занимали. Неожиданный успех его книжки и затем усиленная работа окончательно отвлекли его в последнее время от соблазнов и развлечений. Теперь неожиданно повеяло на него чем-то совершенно новым. Его невольно притягивало к окну, как только раздавались в саду знакомые голоса; ему непременно хотелось лишний раз взглянуть на эту миловидную девушку. Она, - надо сказать в ее оправдание,- не прибегала для этого ни к каким ухищрениям; нельзя было, конечно, не заметить господина, так часто подходившего к окну; но, по-видимому, она не была любопытна; всего вернее. он не делал на нее никакого впечатления. По праздникам, вечером, Чемезов перестал вдруг совершать обычную прогулку в сквер подле церкви Николы Морскаго. В такие дни подруги девушки отпускались к родным; она оставалась одна и всегда приходила в сад с какой нибудь работой. Чемезов, трудившийся тогда над руководством: "для первоначального ознакомления с географией", тотчас же бросал перо и подходил к окну. Блондинка заметила его наконец, но продолжала не давать повода к ближайшему знакомству. Раз они встретились на улице; Чемезов остановился, хотел что-то сказать; - но встреча была слишком неожиданна, он не нашелся и, покраснев, прошел мимо. В другой раз они столкнулись у калитки сада.

- Вы, кажется, часто прогуливаетесь здесь в саду... проговорил он глотая слова.

Девушка посмотрела на него своими серыми глазами, улыбнулась, сказала: "да" и вошла в сад.

Первым движением Чемезова было последовать за нею,- но робость оказалась сильнее желания; он прошел дальше, обогнул две улицы - после чего вернулся домой, крайне недовольный собою.

Увидав однажды старую свою кухарку, сидевшую подле беседки рядом с блондинкой и долго о чем-то с нею беседующую,- он, как только кухарка вернулась, принялся расспрашивать ее о новой знакомке. Кухарка сообщила, что не впервые разговаривает с этой девушкой, что она круглая сирота, отданная в ученье теткой, - шлиссельбургской мещанкой, давно пропавшей без вести, что девушка ласковая такая, словоохотливая и что жаль ее - жаль, потому что как только кончится ученье и выйдет из магазина на свою волю, - так тут и пропадет.

- Пропадет, как все пропадают, батюшка Алексей Иваныч, заключила старуха,- подвернется эта какой ни на есть шалыган, прости Господи,- много их в Петербурге! - ну и пропадет, отец мой!..

Слова старухи сильно подействовали на Чемезова. Он спал ночь беспокойнее обыкновенного. Действительно, не трудно было пропасть в Петербурге! Чувство сожаления и, вместе с тем, что-то похожее на испуг и ревность волновало его. Он припоминал миловидное лицо девушки, доброе выражение ее глаз и с ужасом рисовал в воображении возможность ее падения, возможность для нее трагической судьбы, так часто выпадающей на долю молодым, хорошеньким девушкам, одиноко брошенным в водоворот столичной жизни.

- Знаешь что, Марфа, сказал он на другое утро, ты бы когда-нибудь позвала ее к себе чай пить...

- Извольте, батюшка, хоть сегодня; сегодня как раз праздник; она придет в сад одна; сами увидите, какая она, право, хорошая; только, скажу вам, она насчет этого баловства... вы не думайте...

- Что ты! что ты! воскликнул Чемезов, отмахиваясь обеими руками.

Он никогда не помнил себя таким веселым, как в этот день. Он немного только оторопел к вечеру, когда увидел блондинку, выходившую из сада и направлявшуюся к дверям его черной лестницы. Еще несколько минут,- он знал, - она уже сидела за соседней стеной. Робко отворив дверь кухни и сделав как бы удивленный вид, Чемезов вошел. Девушка сначала очень удивилась; она никак не ожидала, чтобы Марфа была в услужении у того самого господина, которого часто встречала в саду и видела иногда гуляющим на улице, мимо окон магазина. Но скромный вид молодого человека тут же ее успокоил. Не зная решительно с чего начать, Чемезов ограничился несколькими общими словами, сказал, что знает ее давно и рад с нею познакомиться, спросил, любит ли она читать, - и ободренный своей находчивостью,- поспешно отправился в кабинета и вынес несколько книг; в числе их пестрели два розовые нумера "Незабудочки".

Этим вечером положено было начало другим таким же вечерам.

Машенька (так звали блондинку) и Чемезов, мало-помалу, перестали дичиться друг друга. Однажды он так одушевился, что пригласил ее с Марфой в кабинет и там взял с нее слово провести целый вечер следующего праздника в Александровском парке.

- И Марфу возьмем с собою, поспешил он прибавить.

Но на следующий праздник Марфа, как на зло, хлебнула лишнее и у нее сильно болела голова. Как быть? Машенька долго не соглашалась идти вдвоем; наконец решилась и они отправились. Сначала разговор не клеился; оба чувствовали неловкость и не находили слов. Обстоятельство это крайне удивило Чемезова; приготовляясь к прогулке с девушкой, он не только накануне, но в самый день не мог понять, откуда вдруг бралось у него столько красноречия. Тут, как нарочно, слова не вязались и мысли разбегались, как испуганные зайцы.

Шаг за шагом, они незаметно отдалились от шумной части парка и уселись на скамейке. Начался понемногу тот первый разговор, без свидетелей, которого он ждал с таким нетерпением. В первые минуты она казалась очень смущенной; что-то даже похожее на испуг промелькнуло в ее чертах; малопомалу все это прошло; она перестала стыдиться и посмотрела ему прямо в лицо своими большими, добрыми глазами. Небывалая перед тем сладость ощущенья овладела Чемезовым. Он во всю жизнь не испытывал ничего подобного.

Не смотря на то, что воображение его было возбуждено, оно и теперь не уносило его за тридевять земель, за пределы действительности; рассудок говорил ему, что перед ним не идеальное какое нибудь существо, но простая, молоденькая работница, с грехом пополам знакомая с грамотой; он успел узнать только, что она не глупа и тихого, кроткого нрава. Но он знакомился в первый раз с прелестью находиться близко и наедине с женщиной, которая сильно нравится; он чувствовал к ней влеченье, вопреки всему, что мог говорить рассудок. Не каждый ли день встречал он на улице множество женских лиц; почему же ни одно из них не действовало на него так притягательно, не было ему так сочувственно, как лицо этой девушки? ее миловидные черты, ее серые, добрые глаза врезались в его памяти с первого дня, как увидал их. От их взгляда, как бы сами собою, размягчались черствые нелюдимые черты, заслужившие ему прозвище "буки" в кругу его товарищей. С ними он дичился; с нею его влекло к откровенности. И прежде приходили минуты, когда потребность привязаться к женскому сердцу, любить и быть любимым давали себя внутренне чувствовать; но это были только намеки, отдаленные, чуть слышные голоса перед тем, что теперь наполняло его душу. Одушевляясь постепенно, он передал ей всю историю своей жизни, все огорчения детства, все испытания юности. Теперь, благодаря Богу, все изменилось к лучшему; в теперешнем его положении не было ничего общего с пережитым; он освободился от горя и бедности; но счастья, настоящего счастья все-таки у него не было. Оно, видно, не далось ему, потому что так жить, как он, без привязанности, без любви, - нельзя считать себя счастливым!..

Он это впрочем так только, в увлечении, рассказывал. На самом деле он уже теперь был счастлив, - счастлив тем, что любил и... он не смел сказать об этом утвердительно,- но так казалось ему,- встречал ответное чувство. Иначе к чему было бы ей соглашаться на отдаленные прогулки вдвоем, к чему было бы так терпеливо выслушивать его длинные объяснения и рассказы?

С того вечера они заметно уже искали случая встречаться.

Раз осенью, в праздник, Марфа отпросилась на Митрофаниевское кладбище. Давно смеркалось, но она все не возвращалась. Чемезов, поджидавший ее с тем, чтобы напиться чаю и сесть за работу, часто подходил к окну. Выражение удивленья и радости показалось вдруг на лице его; он никак не ожидал увидеть сегодня Машеньку: весь день не переставая лил дождик. Закрывшись платком, она скоро, скоро пробежала мимо садика и, не подозревая отсутствия Марфы, прямо направилась к знакомой двери на черную лестницу. Чемезов сломя голову бросился в кухню, отомкнул дверной крючок и, притаившись за половинкой двери, стал прислушиваться к частым шагам, подымавшимся по лестнице. Сердце его билось так громко, что слышались его удары. Машенька вошла в кухню, увидела Чемезова, узнала, что он один в квартире, и не убежала...

С того вечера они стали видеться каждый день. Свиданья их скрывались самым тщательным образом; все меры предосторожности были приняты. Машенька являлась не иначе как в сумерки; она всегда куталась и внимательно осматривалась, прежде чем перейти улицу и вступить во двор. Даже Марфа ничего не подозревала. Чемезов обыкновенно уговаривал ее лечь спать, после чего запирал на ключ кухню. Машенька приходила теперь , всегда по парадной лестнице, зная очень хорошо, что там за дверью стоит Алексей Иванович и нетерпеливо ее поджидает..

Думая окончательно уберечь Машу от возможности встреч с знакомыми лицами, отчасти сам желая избавиться от глаз любопытных, Чемезов поспешил переменить квартиру; он нанял неподалеку на Екатерининском канале. Переезд представлял также удобный случай отказать Марфе; в последнее время лишние рюмочки сменились совершенно уже лишним штофиком и держать ее стало положительно невыносимо.

К тому же времени подошел срок концу обученья для Машеньки.

"Madame Vera", хозяйка магазина, сначала никак не хотела расстаться с нею; она теряла в ней самую прилежную работницу. Но с другой стороны не было возможности держать ее против воли. При прощании, в досаде, она не расспрашивала даже ее, зачем? куда? зная по опыту, что если уж девушка так настоятельно оставляет насиженное место,- значит, где-нибудь уж завелся "обже", как она выражалась.

Машенька связала свой узелок и поселилась у Чемезова.

Ему пришлось перейти одно неловкое испытание: пришлось передать дворнику паспорт Маши для прописки и тем, следовательно, заявить всему дому о своей связи, подвергнуть ее и себя любопытству жильцов; он прежде не подумал об этом. Но опасения оказались вскоре лишними; никто особенно не пялил глаз и не обращал на них внимания. Машенька, к тому же, была большая домоседка.

Житье их вдвоем началось с того, что она сильно восстала против найма новой кухарки; напрасно увещевал ее Чемезов,- она утверждала, что кухарка лишнее только стеснение, лишний расход, что она отлично сама справится и выучилась у "мадамы" варить суп, какого он верно никогда не пробовал. Машенька просила дать ей всего три дня на испытание.

- Зачем же? Слава Богу, у нас есть чем нанять прислужницу, доказывал Чемезов, не отрывая глаз от ее оживленного, миловидного лица,- и охота же тебе, в самом деле, пачкаться? Можешь, если есть желание, найти себе другое занятие.

- Нет, уж ты только не мешай мне; дай сделать... увидишь, как все будет хорошо! повторяла она, ласкаясь как котенок.

По прошествии нескольких дней нельзя было узнать квартиры Чемезова; везде показались чистота и порядок. Особенная заботливость приложена была к кабинету; нигде следа пылинки; книжки аккуратно были везде расставлены, даже вымыта чернильница и перья уложены рядышком, в приятной симметрии. Кухня была также неузнаваема; принадлежности маленького хозяйства, вымытые, вылощенные, выставлялись по стенам правильно уложенными в ряд.

Дни испытания вытягивались в целые недели. Когда он заикался о найме кухарки,- она подскакивала и зажимала ему рот. Деятельность ее была изумительна; с утра отправлялась она на рынок, потом начиналась уборка квартиры; одновременно с этим разводился огонь, готовилось кушанье, стирались и гладились разные тряпочки; она день-деньской суетилась, полоскалась и при всем том находила время приводить в порядок белье Чемезова и приступить, для себя собственно, к шитью платья из серого мериноса, который ухитрилась купить за полцены.

- Так будет лучше, как сама сошью, говорила она, радостно улыбаясь,-

будут стоить только меринос, подкладка и пуговицы!., прибавляла она восторженно.

И все это, надо заметить, делалось у нея как-то без всякой трескотни и погрома и всегда весело. Самую эту веселость следовало приписать особому роду: она никогда не выражалась восклицаниями или громким смехом; их заменяли ямочки, появившиеся на щеках, улыбка и радостный блеск, светившийся в ее больших, добрых глазах. Чемезов не мог ею налюбоваться. Даже в мечтах никогда не грезилось ему столько счастья. Встречая ее часто с раскрасневшимся лицом, вокруг которого от суеты разлетались пухом ее прекрасные белокурые волосы, он, в первое время, снова приступал, упрашивая нанять прислугу, уверяя, что без этого она тем, наконец, кончит, что совсем замучается; но вскоре убедился, что чем больше надумывала она себе хлопот, чем больше было у нее на руках дела, тем становилась она всегда веселее, - словом, тем казалась счастливее.

Время от времени, ложное положение, в котором оба они находились, вызывало задумчивость на лице Чемезова; оно, видимо, его беспокоило. Но он припоминал свою прежнюю жизнь, сравнивал ее с теперешней и говорил себе, что надо же чем-нибудь жертвовать в обмен на чувства, соединявшие его с любимой девушкой. Привязанность их друг к другу укреплялась тем сильнее, что ничто ее не развлекало. Стесняясь мыслию о сожительстве, Чемезов хранил свою связь в величайшей тайне от сослуживцев. Живя своей особой замкнутой жизнью и никогда не приглашая их к себе, он теперь подавно не делал этого. Она, с своей стороны, не хотела даже слышать о знакомстве с кем бы то ни было. Она утверждала, что некогда ей возиться с гостями, и, наконец, решительно не будет уметь, как разговаривать со всеми этими господами.

- Тебе может быть хочется... Мне их не нужно; мне и без них хорошо! заключала она обыкновенно.

С каждым днем Чемезов открывал в ней новые качества. В уме его опрокидывались навзничь все читанная и слышанные им педагогические теории и взгляды по вопросу о женском развитии и воспитании. Говорят, яблочко от яблони недалеко падает; ничего не могло быть несправедливее такой поговорки. Маша была у него перед глазами. Что видела она с детства? По большей части грубость и дурные примеры. И все это, тем не менее, не имело на нее и тени влияния, нисколько не привилось к ней, не пустило хотя бы самого слабого ростка. Она осталась с чистой детской душой, отзывавшейся на все честное и доброе. Ничего не было для нее милее ее угла с его мелочными хозяйственными заботами; лишь бы только ее не трогали, не мешали ей,- она тут только чувствовала себя на своей почве, всегда была весела и вполне довольна.

Простодушные, наивные натуры, способные сохраниться во всей умственной и душевной чистоте, вопреки самым неблагоприятным условиям жизни, - встречаются чаще, чем обыкновенно думают. Их можно сравнить с теми растениями, которые прячутся от солнца, не тянутся в высоту, но уходят в глубь, и там, встретив сродный им грунт, развиваются и дают плоды свои.

Улицы с их шумом и городские увеселения не нравились Маше; но благополучие ее не знало меры, когда в праздник отправлялась она вместе с Чемезовым за город. В таких случаях она обыкновенно всегда запаздывала. Алексей Иваныч давно был готов, давно дожидался стоя в шляпе; но она тут-то именно вдруг и припоминала о необходимости запереть такой-то ящик, припрятать такую-то вещь и выходила не прежде, когда убеждалась, что все в порядке.

Садясь в вагон, она принимала вдруг строгий, степенный вид, опускала глаза и церемонно молчала. Очутившись на свободе с своим Алешей,- она также скоро оживлялась и не было конца ее расспросам и веселости.

В начале первой весны, Чемезов, находясь в департаменте, уловил удобную минуту, незаметно прошел в кабинет директора и попросил у него разрешения жениться.

- Раненько задумали!., сказал директор. Зная Чемезова за молодого человека трудолюбивого и солидного, - он дальше не расспрашивал и тут же прибавил:

- А, впрочем. - благословляю!..

Ефремов который должен был приложить печать к разрешению, привязался было с расспросами, напрашиваясь на свадьбу: но Чемезов ответил, что свадьба будет происходить в Ропше, где проживет он после венчания несколько дней, - и таким образом отделался.

С женитьбой не произошло никаких особенных перемен в образе жизни Чемезовых. Возвратясь из церкви, Маша неожиданно только зарыдала, упав на грудь мужа,- после чего также весело и деятельно принялась за свои хозяйственные хлопоты.

Единственная перемена, которую можно было заметить, состояла в том, что благосостояние их видимо улучшилось.

"Руководство для первоначального ознакомления с географией" принесло неожиданные результаты. Другие "сокращения" и "руководства", постепенно выпускаемые в свет,- разбирались нарасхват.

Так проходили годы. Счастье их не только не прерывалось, но упрочивалось от времени. Летом Чемезовы перебирались теперь обыкновенно на дачу на Черную речку или на Карповку. Несмотря на то, что хозяйственных хлопот было здесь больше чем в городе, а с другой стороны, в денежном положении Чемезова не могло быть вопроса о расходе на прислугу, - жена его все-таки противилась нанимать кухарку. Вместо нее она взяла двенадцатилетнюю девочку,- дочь прачки; Чемезова думала приучить ее к хозяйству и со временем найти в ней усердную помощницу. Зная в совершенстве жену, Алексей Иваныч ничего не говорил, хотя предвидел, что девочка эта послужит только источником новых забот и хлопот. Действительно, так и вышло. Началось с того, что Марья Ивановна привезла из города кусок полотна и в тот же вечер принялась кроить и резать, приготовляя белье для девочки.

Глядя, как она с ней возилась, обмывала, чесала, обучала тому и другому и постепенно к ней привязывалась, Чемезов убеждался больше и больше, что Марье Ивановне на роду было написано сделаться может быть лучшей еще матерью, чем была она хозяйкой. Но проходили годы, - детей у них не являлось.

Лета мало изменили Марью Ивановну; она несколько пополнела, но казалась вообще даже свежее, чем была в первой молодости. На характер лета не произвели никакого действия. Живя раз на даче, она купила цыплят; в числе их находился один с перешибленной ногой; он сделался ее любимцем. Она держала его особо от других, кормила на убой и звала всегда мужа посмотреть, как цыпленок бросается со всех ног, когда она его подзывает. К осени цыпленок превратился в толстую курицу, бегавшую за Марьей Ивановной как собачонка. Пришлось переезжать с дачи. Все уже было уложено и подводы стояли готовые на дворе. Алексей Иваныч, расхаживая в пальто и шляпе, не мог понять, что делает жена, стоя у окна и барабаня пальцами по стеклам; он несколько раз позвал ее, но она не откликнулась. Подойдя к ней, он только всплеснул руками: прислонив лицо к оконному стеклу, Марья Ивановна разливалась-плакала! Ей жаль было расстаться с курицей. Но птичник не мыслим был в городе и, скрепя сердце, надо было расстаться.

Она утешилась тогда только, когда Алексей Иваныч купил ей собачку.

Благосостояние их продолжало между тем рости с каждым годом. Чемезовы могли считать себя теперь вполне обеспеченными. По службе также шло довольно удачно. Чемезов был теперь старшим столоначальником и при первой вакансии должен был занять должность начальника отделения. Мрачный взгляд на жизнь, горечь прежних испытаний, мизантропические побуждения,- все это в нем постепенно улеглось, сгладилось под влиянием счастливой жизни, любви и преданности. Если он продолжал держать себя по-прежнему, в некотором отдалении от сослуживцев, то это происходило скорее от привычки согласоваться с природными наклонностями. Его и в молодости склоняло всегда к тихой, трудолюбивой жизни. Наконец он попросту боялся нарушить строй домашнего очага, под защитой которого прожил сколько лет в постоянном счастии.

Привязанность нежно-любимой женщины, ее чувства к нему, заботливость, не охлаждавшиеся, но развивавшиеся с годами, - достаточно наполняли его существование. Обаятельная доброта сердца, врожденные честные побуждения Марьи Ивановны сделали то, чего, быть может. не могло бы сделать самое внимательное, изысканное образование.

Иногда Алексей Иваныч приступал к ней с какой-нибудь книжкой, советовал почитать то и другое; Марья Ивановна не отказывалась, но за хлопотами книжка большею частью оставалась открытою на второй странице. Чемезов начинал упрекать.

- Много будешь знать, скоро состареешься, смеясь возражала Марья Ивановна. - я тебя знаю; с меня этого довольно!..

Алексей Иваныч, тем не менее, - по привычке, вероятно, заниматься постоянно учебниками и сидеть по уши в педагогике, - не расставался с мыслию об ее образовании. Упорно преследуя свою цель, он не пропускал удобного случая: водил ее по всем выставкам, концертам, театрам. Марью Ивановну часто клонило ко сну, но Боже упаси, чтобы она показала это мужу; в угоду ему, она охотно на все соглашалась и всегда казалась очень довольной. Обманутый этим, Алексей Иваныч увеличивал свое старание. Зная ее экономность, но вместе с тем желая сделать ей сюрприз, он тайком абонировался на два стула в итальянской опере, как только узнал об открытии новой подписки.

Заботливость Алексея Иваныча отплачивалась ему всегда сторицей.

В течение пятнадцати лет, прожитых вместе, ни разу не испытал он ссоры, разладицы, даже повода к чему нибудь подобному. Весь ее мир начинался и оканчивался ее Алексеем Иванычем; вне этого, для нее ничего не существовало; когда ему было хорошо и покойно, - добрые ее глаза сияли радостью и ничего не желала она больше. Он был для нее постоянным предметом любви и удивления. Лучше, умнее, честнее Алексея Иваныча - ничего не могло быть на свете.

Такая любовь и преданность, надо сказать, были вполне взаимны. Сердце Чемезова ни разу не изменило. Он никогда не думал о ней иначе, как с чувством глубокой нежности и признательности. Часто, сидя подле нея, он брал ее руки и горячо начинал целовать их.

- Э, полно, Алексей Иваныч, говорила она, удивленно глядя на него своими добрыми глазами, - какое счастье я тебе принесла!.. Ты такой ученый! такой умный! Что я перед тобою?.. Так, простая, незначущая бабёночка!..

И вдруг - вдруг этой бабёночки не стало!..

Она вернулась домой, чувствуя сильный озноб. На другой день

открылся тиф. Три дня спустя добрые глаза ее навсегда закрылись... Она лежала в гробу такая беленькая, с вытянутыми ножками, обутыми в белые башмаки; белокурые ее волосы, гладко причесанные, вокруг осыпаны были цветами. На губах все еще оставалась улыбка; но она горько противоречила остальной части лица, совершенно неподвижной, - точно отлитой из воску.

Чемезов ничего этого не видел. Он или сидел в дальней комнате, как громом пораженный, или начинал бросаться в беспамятстве, наполняя квартиру криками отчаянья. На минуту очнулся он и как бы пришел в себя на кладбище, когда уже гроб опустили и могилу стали засыпать землею, смешанною со снегом; но тут же упал он лицом в снег и стал опять биться как помешанный.

Близ стоявшие подумали, что он окончательно лишится рассудка.

Первые дни директор несколько раз присылал курьера справиться об его здоровье.

V

Недели через три он появился, однако же, в департаменте. Прошел еще месяц и уже насчет Чемезова установилось мнение, что он взглянул, наконец, на свое положение "оком благоразумного человека". Один Ефремов подвертывался с утешениями, и то потому больше, что хотел показать себя в глазах несообщительного товарища человеком, способным не на одни пирушки и балагурство. Чемезов отделывался обыкновенно пожатием руки, но чаще всего отмалчивался. Он вообще слова ни с кем не сказал о понесенной им утрате. Никто этому не удивлялся, зная его всегдашнюю сдержанность. В лице его также никто не заметил особенной перемены; осунулось только немножко и как бы постарело; нельзя же без этого: человеку стукнуло наконец сорок два года!

Прошло лето; наступила осень. При встрече с Алексеем Иванычем редкий мог уже усумниться, чтобы горе окончательно в нем не изгладилось.

Иногда даже Чемезову казалось, как будто стало понемногу отлегать от сердца. Припоминая прошлое, он начинал чувствовать себя спокойнее. Воспоминания мало-помалу утрачивали свою едкость. Их точно заволакивало туманом; они, казалось, смягчались в нем и ослабевали. Он приводил в порядок бумаги, приступал к брошенной работе и, одновременно с этим, думал непременно переехать на другую квартиру;

сомнения не было, что с переменой места спокойствие окончательно восстановится.

Так проходили дни, иногда целые недели.

Вдруг, - точно из-за угла ветром приносило,- обхватывало его опять чувством смертельной грусти. Вместе с нею мгновенно отлетало спокойствие, давая место мрачным, тревожным мыслям. Он неожиданно впадал в то состояние духа, как тогда в Летнем саду, при встрече с двумя сослуживцами. Чемезов сказывался больным и не ходил на службу. Мысль кого нибудь видеть, с кем нибудь встретиться, была ему невыносима. В такие минуты потеря жены казалась ему чувствительнее даже, чем в первые дни после ее кончины. Он не понимал, как мог на минуту думать об облегчении своего горя. Квартира делалась ему тогда особенно дорога; он возмущался, думая, что в ней могли поселиться чужие люди. Без всякого насилия воображения, вспоминания приходили сами собою, наплывали одно за другим. Они принимали иногда поразительную ясность. Он часто как бы прислушивался к голосу жены, следил за его звуком, вызывая в памяти каждую черту лица покойницы. Губы его судорожно двигались, когда перед ним, точно живые, начинали светиться ее добрые глаза. Припоминая ее кротость, ее ровный, безответный нрав, ее заботливость, так нежно сосредоточенную на нем одном, - он жадно хватался за самые мелкие воспоминания, сближавшие его с нею. Так неожиданно пришло ему на память, как в его отсутствие она опрокинула чернильницу на бумаги и, желая скрыть оплошность, вымыла в замешательстве лист и тем окончательно стерла все написанное. Столько лет прошло с тех пор! - но он вспомнил выражение смущения на ее миловидном лице, вспомнил, как тогда рассердился, как она вдруг заплакала - и горько стал упрекать себя. Забывая, что теперь ничего уже не вернешь, ничего не поправишь,- он продолжал каяться, припоминая, как был иногда груб, придирался, выказывал перед ней дурное расположение духа, в ответ на добрые, ласковые взгляды, на кроткую улыбку.

В такие черные минуты потеря жены представлялась ему таким ужасающим фактом, сердце наполнялось такою невыносимою скорбью, что не раз приходило ему в голову покончить с собою. Он не сомневался в том, что рано или поздно не переживет своего горя.

Так многие думают, - даже искренно думают; но все почти обманываются!

Под впечатлением душевно-тревожного чувства, мысленно переносишь себя, иногда одиноко, на берег необъятного моря и там говоришь себе: "Что, если это случится со мною? Что, если вдруг постигнет меня такое несчастье?.. Я тут же в прах рассыплюсь, на месте умру, исчезну"... Но подымается волна горя, во сто раз более могучего против того, какого ожидаешь, прокатывается она с грохотом над головою... "Ну, думаешь, все кончено! Все!!.." Осматриваешься вокруг, ощупываешься - и с удивлением видишь себя сидящим на том берегу, совершенно невредимым и целым!..

Нет, человек живуч! Не менее, надо думать, был живуч и Чемезов, даром что казался на вид таким маленьким и тщедушным.

Черные дни не переставали посещать его; но уже в них начинал открываться новый оттенок; их возбуждали теперь не столько воспоминания, сколько новое чувство, перед которым бессильно было время. Одиночество давило Чемезова. Дома, на службе, на улице, - оно неотступно его преследовало. Занятия, начинавшия в первое время развлекать его, - совсем ему опостыли; за что он ни брался, все из рук вываливалось. Привычка, говорят, вторая натура. В Чемезове она сильнее должна была высказаться. Не считая, что тихая домашняя жизнь согласовалась с его характером, отвечала его природным вкусам и наклонностям,- редкому выпало на долю так счастливо ею пользоваться. Она развила в нем потребности и привычки, лишение которых тягостно чувствовалось каждую минуту. Он точно был выброшен в пустыню, на необитаемый глухой остров, вокруг которого жизнь вдруг умолкла, отошла в сторону, как море отходит от берега. Иногда он рад был очутиться в департаменте, услышать живые голоса, увидеть людей.

Время от времени ему приходило даже на ум, не послушаться ли в самом деле совета сослуживцев, не благоразумнее ли будет стараться развлечь себя; но он тут же отворачивался, пугаясь смелости своих замыслов. Единственно, что мог он, - это снова разве начать ходить в театр, как бывало при покойнице. Тут вспомнил он о двух билетах, взятых им на итальянскую оперу и лежавших запертыми в столовом ящике. Не весело было, конечно, но что же делать! Надо же было, наконец, победить чем нибудь эту мучительную тоску, не дававшую покоя. Узнав из афиш, что дают Фауста, он отправился. Но как ни привлекательна была музыка, как ни хорошо она на него действовала, он не мог дослушать конца представления. Вид пустого места рядом с его стулом, того самого места, где должна была сидеть Марья Ивановна, пробуждал в нем слишком тяжелые воспоминания. В той сцене, когда Маргарита является в саду при лунном свете, когда чистая ее душа так простосердечно отдается в обман коварству и в то же время раздаются звуки вальса, напоминающие равнодушную, смеющуюся и веселящуюся толпу, - Чемезов не мог досидеть и поспешно вышел из кресел.

Проходя мимо кассы, вспомнил он, что из двух билетов один был лишний; он остановился и, передав его кассиру, просил продать при первой возможности. Свой билет он у себя оставил, подумав, что, как ни тягостно чувство, испытанное в театре, оно все-таки легче тоски, приступавшей особенно сильно, когда он по вечерам оставался один дома.

Пропустив два представления, он снова отправился в оперу.

Подходя к своему стулу увидел он, что соседнее место занято; на нем сидела дама. Обстоятельство это в первую минуту неприятно на него подействовало! Он торопливо взял бинокль и начал смотреть на сцену. Но любопытство взяло свое; он искоса взглянул на соседку. Чемезов, как известно, не был знаток в женщинах; насколько мог он судить по беглому взгляду, - соседка принадлежала скорее к числу привлекательных. Она была очень скромно одета: черная атласная шляпка, с черным пером, скромно уложенным по борту; такого же цвета и той же материи платье обтягивало ее плечи; оно застегивалось вплоть до воротничка, от которого спускалась на плоскую грудь цепочка часов, запрятанных за пуговицы лифа. В антракте представился случай рассмотреть ее ближе; и надо сказать, второй этот осмотр сделался сам собою, без всякого старания со стороны Чемезова.

Соседка показалась ему не первой молодости, лет двадцати двух двадцати трех,- может быть несколько даже старше. На продолговатом, несколько заостренном лице выступал узенький нос с горбочком по середине и подвижными ноздрями: он отделял два черные глаза, быстрота которых беспокоила должно быть самую владелицу, потому что, вопреки стараниям опускать их, они слишком часто выказывали неповиновение и бегали как мышонки. Над глазами выгибались черные брови, почти сраставшиеся у переносицы; верхняя губа оттенялась пушком, как у большей части сильных брюнеток. Могло статься, что брови были преувеличенно широки и черны, губы краснее, чем бывает обыкновенно, и кожа на лице, тусклой своей белизной, напоминала употребление кольдкрема и пудры,- но Чемезов ничего этого не приметил. Столько лет занимаясь, между другими работами, женским вопросом,- он в практическом смысле был менее опытен в женских делах, чем теперешний пятнадцатилетний гимназист; покойница в этом отношении ничему его не научила; для поддержки своего миловидного лица она обыкновенно никогда ничего не употребляла кроме воды и мыла.

Чемезов не мог не приметить, что все движения соседки отличались необычайной скромностью: в них присутствовала даже какая-то стыдливость. Обращая случайно глаза на проходящих, она мгновенно их потупляла; когда кто-нибудь из зрителей пробирался к ней, проходя по ряду стульев, - она спешила скромно подобрать нижние складки платья, как бы оберегаясь от мужского прикосновения.

Выходя из театра. Чемезов мало о ней думал; но когда думал, то говорил себе. что присутствие такой скромной особы на стуле, предназначенном для жены - было все-таки менее неприятно, чем если б занял его другой кто-нибудь. Он, вероятно, забыл бы о ней, но в следующее представление снова встретил ее на том же месте. Скромность соседки остановила его внимание точно так же. как при первой встрече. В антракте она привстала, желая дать пройти какому-то господину, и зацепила кружевом рукава за гвоздик. случайно высунувшийся из обивки стула; господин прошел мимо, ничего не заметив. Видя ее долгие и бесполезные старания высвободить кружево, Чемезов решился наконец прийти ей на помощь.

Она заметила, как он при этом покраснел, церемонно поблагодарила и, тотчас же опустив глаза, продолжала сидеть на своем стуле.

В конце второго действия она, однако же, победила себя и, неожиданно обратясь к Чемезову, спросила, не может ли он разъяснить ей значение тех последних слов, которые сейчас, в финальной арии, произнес Мазини; ей, по всему заметно, очень было стыдно обращаться к незнакомому мужчине; но любознательность, по-видимому, превозмогала застенчивость.

Чемезов отвечал, что, к сожалению, также не знаком с итальянским языком и довольствуется тем, что слушает музыку и может ею наслаждаться.

- Для меня музыка также первое удовольствие!.. сказала соседка детски-наивным голосом, не отвечавшим ее быстрому взгляду, тотчас же впрочем скрывшемуся под опущенными ресницами.

- Сколько я замечаю, вы часто бываете в опере... проговорил Чемезов и, сам не зная отчего, снова вдруг покраснел.

- Да, я бываю всякий раз как только возможно... когда позволяет время...

- Вы разве специально чем-нибудь заняты?..

- Да, отвечала она с заметным принуждением и замолкла.

Чемезов стеснялся продолжать разговор. Оба, поклонившись церемонно друг другу, покинули театр и разошлись в разные стороны.

Всякий раз как приходил день абонемента, Чемезов уверен был, что вечером найдет подле себя скромную соседку. Они встречались теперь уже как знакомые.

Начав, мало-помалу, обмениваться впечатлениями о достоинстве музыки, об искусстве исполнителей, они попеременно переходили к другим интересам, коснулись жизненных вопросов и под конец, всякий раз, когда занавес опускалась в последний раз, оба выражали сожаление о необходимости прервать интересную беседу.

Несмотря на поверхностный обмен мыслей и скромность соседки, -

она не могла скрыть своего ума; Чемезову по крайней мере никогда не случалось встречать такой умной собеседницы; его удивляло также, как, сравнительно с ее молодостью, успела она приобрести столько знания, столько практичности во взгляде на некоторые жизненные вопросы и. вместе с тем, умела сохранить такую простоту и скромность. Охотно употребляя в своих и книжках слово: "культурность", он в первый раз объяснял себе настоящим образом его значение, когда думал о собеседнице. То, что она рассказывала о себе самой, окончательно располагало Чемезова в ее пользу.

Подобно ему, - она была круглою сиротой; было даже сходство в их происхождении; но только ее отец был немец, а мать русская. Оставался у нее дяденька в Риге, но уже многие годы не было о нем никаких известий: умер должно быть! Три года тому назад, вышла она из консерватории и существовала уроками музыки; если она позволяла себе часто бывать в театре, то это потому, во-первых, что была необыкновенно экономна, а во-вторых, выше всего на свете обожала музыку, предпочитала ее всем другим удовольствиям, увлекающим обыкновенно молодых девушек. Узнав об образе занятий Чемезова и спросив его имя, - она выразила вдруг необыкновенную радость. Как! это было то самое имя, которое встречалось так часто на детских книжках, на разных руководствах для образования юношества?.. Боже мой, кто же из лиц, сколько нибудь соприкосновенных детям, не знаком с этим именем!!. Она вдвойне благодарила случай, который их познакомил. Она давно искала работы в свободное время; зная порядочно французский и немецкий языки, ей легко было заняться переводами; она несколько раз даже приступала; но к кому обратиться за советом? Кому отдать результат трудов?

Положение бедной девушки в таких случаях. действительно, достойно всякого сожаления! Прислушиваясь к рассказам Амалии Карловны (так звали соседку), Чемезов иногда даже как будто задумывался; можно было предполагать, мысли его отвлекались посторонними соображениями; но это не было продолжительно; он снова начинал прислушиваться с удвоенным вниманием.

Сочувствуя положению бедной девушки, жившей трудом, он предложил ей свои услуги. Ему ничего не стоило присылать ей работу и он спросил ее адрес.

Глаза ее, оживившиеся в начале разговора, тотчас же опустились. После минутного молчания, и очевидно стесняясь, она сообщила, что занимает скромную меблированную комнату в отдаленном квартале и тут же, неожиданно опять оживившись, объявила о невозможности допустить Алексея Ивановича отправляться в такую даль, отыскивать ее, подыматься по лестницам... Нет, - она ни за что этого не хотела! Не ему, нет, - скорее ей, да, ей скорее следовало являться к нему,- человеку столь известному и так сердечно ей сочувствующему!

Два дня спустя - в квартире Чемезова раздался звонок. Он сидел в халате и работал. При мысли, что звонит Амалия Карловна, - кровь бросилась ему в голову; он стремительно выбежал в соседнюю комнату и суетливо начал одеваться. В прихожей между тем явственно слышался знакомый женский голос, осведомлявшийся о том, дома ли Алексей Иваныч. Чемезов при этом совсем засуетился и, как обыкновенно бывает в таких случаях, не находил под рукою самых необходимых принадлежностей туалета; оправившись, наконец, он вышел в кабинет и стал извиняться, что так долго заставил ждать себя. Он переминался и неловкость проглядывала в каждом его слове. Она первая ободрилась.

На заостренном лице ее показалось даже выражение восторга при взгляде на кабинет "известного ученого", как она выразилась. В этом восторге проглядывало что-то детское.

Чемезов нашел ее моложе против того, какою представлялась она ему в театре. Розовый бантик под белым воротничком, гладко причесанные волосы вместо падавших на лоб завитков, которыми украшала она себя по вечерам, гладко обтянутый корсаж,- придавали ей наружность институтки. Молодость и простодушие еще заметнее выказались на восхищенном лице, когда узнала она, что Чемезов был настолько добр, что не забыл ее просьбы и, не смотря на многосложные ученые занятия, приготовил для нее работу.

Работа заключалась в переводе с французского языка на русский очерка "млекопитающих", которым должна была заключиться: "сокращенная история царства животных", приготовляемая Чемезовым для второго гимназического курса.

- Благодарю вас,- от всего сердца благодарю!!, восторженно проговорила Амалия Карловна, пожимая его руку и пристально устремляя на него глаза, одушевленные признательностью, - но тут много специальных слов, прибавила она,, -вы позволите мне иногда беспокоить вас... приходить к вам за советом?..

- Помилуйте- очень рад!.. отозвался Чемезов, провожая ее до лестницы.

Заперев за собою дверь, он долго ходил взад и вперед по кабинету, наконец, позвал кухарку, велел подавать чай и, раздевшись, сел за работу. Несмотря на многолетний опыт в занятиях такого рода, несмотря на привычку приводить перо в повиновение воли, - Чемезов в этот вечер написал очень мало. Тоска, оставившая его на время,- стала овладевать им с удвоенной силой. Он лег и заснул; но на другое утро и весь следующий день не мог отвязаться от ноющего чувства. Он снова ходил как в тумане.

В департаменте ему трудно было даже составить и написать несколько простых отношений. Куда уйти? Где спрятаться от тоски?.. Волей-неволей надо было возвращаться домой.

Час спустя, в квартире раздался звонок. Звук этот в первую секунду лихорадочно прошел по нервам Чемезова; он обрадовался, однако же, увидав Амалию Карловну. Она очень извинялась. Но беда в том: у нее не было лексикона! В иных местах перевода она решительно не находилась; зная снисходительность Алексея Иваныча, рассчитывая на бесконечную доброту его сердца, она решилась снова его беспокоить.

Чемезов готов был помочь ей с величайшей охотой. Они уселись к столу. В это время кухарка подала чай. Амалия Карловна вызвалась хозяйничать.

Чемезов припомнил покойную жену и задумался; но воспоминание это только промелькнуло; он снова обратился к Амалии Карловне, которая, ничего, казалось, не замечая, заботливо расспрашивала о его вкусах и, грациозно изгибая стан, приветливо улыбаясь, накладывала сахар и резала тоненькие ломтики лимона. Чай был только перерывом занятий; они снова приступили к переводу и просидели довольно поздно.

Изобилие специальных терминов в очерке "о млекопитающих", с одной стороны, неимение лексикона у Амалии Карловны, с другой, - заставляли ее часто посещать квартиру Чемезова.

Оба не стеснялись теперь друг перед другом. Он успел совсем освоиться; она скоро успела изучить все его привычки.

- Отчего, скажите, Алексей Иваныч, бываете вы иной раз такой грустный? спросила она как-то совершенно неожиданно,- я часто гляжу на вас и сама с собой рассуждаю: что бы такое придумать, чтоб рассеять ваши мрачные мысли...

- Не раз уже рассказывал я вам мою историю, проговорил вздыхая Чемезов,- мало в ней радостного, как сами знаете! подхватил он глухим голосом, принимаясь расхаживать по комнате с опущенною головою,.- я скучаю. Амалия Карловна, жестоко скучаю! Иной раз нападает такая тоска, что, право, умереть бы, кажется, легче!..

- Вы бы женились...

- Э! помилуйте, кто пойдет за меня! И состарился я... да и вообще ничего во мне нет такого...

- А я так думаю, - всякая пойдет за вас . . . да еще как: за счастье почтет...

При этом голова Чемезова опустилась еще ниже и шаги его заметно ускорились. Минуты две прошли в молчании. Лицо его и все движения изображали сильное внутреннее волнение. Амалия Карловна сидела в то время на диване; черные ее глаза нетерпеливо следили за Чемезовым. Он неожиданно остановился перед нею и, не смея поднять глаз, произнес голосом, прерывавшимся на каждом слове:

- Вы...например...пошли бы вы... за меня...

- С величайшим удовольствием!!.. отвечала она, быстро вставая и протягивая ему обе руки.

На другой день после этого объяснения, многим из сослуживцев Чемезова бросилась в глаза резкая перемена не только в его лице, но во всей его наружности, - даже в способе ходить и держать себя с товарищами. Такое превращение могло объясняться производством в следующий чин или получением нового знака отличия, - но сколько известно, ничего этого не случилось. Факт тот, что между прежним Алексеем Иванычем и теперешним не было ничего общего. Лицо его смотрело оживленно, сдержанно, щепетильная походка смягчалось небывалой развязностью движений; он ходил скоро и глядел прямо перед собою, точно спешил к цели, - словом, весь казался каким-то возбужденным, наэлектризованным.

- Смотри пожалуйста - наш таинственный монах; - а, каков нынче?!, нашептывал Ефремов, подмигивая то тому, то другому. Этак, пожалуй, и светопреставление скоро будет!!..

Зная нелюдимость и несообщительность Чемезова и не желая наскочить на неблагоприятный ответ, никто однако не решился сунуться к нему с расспросами. Каждый наблюдал втихомолку небывалую суетливость его движений, нетерпение, с каким перевертывал он листы и тут же принимался за другое дело, поспешность, с какою ухватился он за шляпу и почти бегом пустился в швейцарскую, как только пробило четыре часа.

В эти дни Чемезовым действительно овладела точно лихорадка.

С непрактичностью, которая его отличала, непрактичностью, успевшей развиться от многолетней, почти замкнутой жизни с Марьей Ивановной, ему приходилось теперь бегать с утра до вечера за разными покупками, хлопотать у священников насчет венчальных документов, устроивать квартиру. Он думал нанять новую, но отказался от такой мысли, так как это отняло бы слишком много времени. Главным, настоятельным желанием его было, чтобы все это только кончилось, прошло как можно скорее. Усиленная озабоченность предметами совершенно новыми, неожиданными, отымала у него возможность привести в порядок собственные мысли. Чемезов не был влюблен,- он это чувствовал; он чувствовал даже, что между ним и Амалией Карловной не было еще настоящего, внутреннего, нравственного слияния; кое-что ему даже не совсем нравилось,- было по крайней мере не по сердцу; но он отклонял такия мысли, старался не думать об этом, старался, напротив, убеждать себя, что с нею все-таки придет конец тоски, жизнь вступит в свою колею, наступить спокойствие, образуется наконец домашний очаг, который, если и не будет тем, чем был прежде, - то во всяком случае оживит, осмыслит его существование. Он хлопотал изо всех сил, чтобы только скорее, скорее достигнуть цели. Он желал также этого для Амалии Карловны. Она со своей стороны не менее также суетилась и торопила день свадьбы.

Встретив крайнюю необходимость видеть невесту, - Чемезов раз вечером отправился к ней по адресу. Но дома ее не было. Прислужница объявила, что Амалия Карловна ушла в театр. Такое известие удивило его; накануне она подтверждала, что весь следующий вечер займется приготовлением свадебного платья и не тронется с места. Осматриваясь кругом, он поражен был самым неприятным образом неряшливым видом, в каком содержались меблированные комнаты. Они разделялись темным, нескончаемым корридором, освещенным вонючей керосиновой лампой; копоть от нее распространялась черным пятном по стене с грязными обоями. По середине корридора прогуливался, как у себя дома, какой-то небритый усатый господин в туфлях и халате: "Невежа! И бедная Амалия Карловна должна была все это выносить и видеть!!..." подумал Чемезов, спускаясь по лестнице.

На другой день он рассказал ей о своем неудачном посещении. Она вспыхнула, торопливо заговорила, назвав прислужницу бестолковой бабой, постоянно все путавшей. Ей в голову не приходило выходить куда-нибудь - и тем менее в театр; до театра ли теперь? Она отправилась всего на четверть часа с тем, чтобы купить иголок и белого шелку, которых недоставало для окончания платья...

Вопрос о шаферах начинал также беспокоить Чемезова. Когда он венчался с Марьей Ивановной, свидетелями были: управляющий домом, где нанимал он квартиру, два писаря и еще неизвестное какое-то лицо, подставленное услужливым дьяконом; теперь очевидно, нельзя было так; требовалось другое. На Амалию Карловну нельзя было рассчитывать; у нее никого решительно не было, т. е. были знакомые, но она их не желала. Он подумал о маленьком суетливом редакторе "Незабудочки". - но вспомнил, что не видал его очень давно, и счел неловким обратиться к нему с такой просьбой. Оставались сослуживцы. Также не совсем было ловко: он держал себя с ними так отдаленно, так старательно избегал всегда тесного сближения с их обществом. Но они все-таки были ближе; большая часть состояла даже несомненно скорее из добрых людей. Он решился наконец прямо обратиться к Ефремову, как ближайшему из них, и просить его взять на себя и устроить дело..

Войдя в департамент, Чемезов крайне удивился, когда Ефремов встретил его такими словами:

- Вы женитесь, Алексей Иваныч, - от души поздравляю!..

- Как вы об этом узнали?..

- Соципаров передал; ему сказал фотограф Хохлов; он доводится, кажется, двоюродным братом вашей невесте...

- У нее нет никаких двоюродных братьев... возразил Чемезов.

- Так говорили. Но впрочем все равно, - рад; душевно, рад! подхватил Ефремов. узнав причину обращения к нему Чемезова,- когда так, позвольте же, батенька, как следует, по христианскому нашему русскому обычаю, начать с того, чтобы расцеловать вас... Раз... два... три... Не говорил ли я вам: надо развлечься! - Ну и прекрасно!.. Все, батенька, устрою вам, все! дражайший Алексей Иваныч! И шаферов пригласим, и все такое... Сегодня же зайду в Малый Ярославец, переговорю насчет особой комнаты; там есть одна красная: вид чудный! Впереди Большая Морская, справа арка главного штаба, - словом: великолепно!.. Закуска, обед, все будет как следует; предупредите только заблаговременно насчет дня свадьбы; дальше вам, дорогой друг, нечего беспокоиться; так, батенька, накормим, что все перелопаются!..

- Пожалуйста, нельзя ли только, чтобы все это было как можно скромнее... заметил Чемезов.

- Вы говорите насчет расходов?

- Вовсе нет; насчет того, чтобы не было слишком большой компании... я не привык к этому; да вообще это не в моем характере...

- Знаю, знаю... Никого кроме своих! Будьте только благонадежны, не думайте об этом; у меня так: сказано - сделано!.. На этом они расстались.

- Послушай, Петр Никифорович, заметил столоначальник Сельдереев после того как Ефремов передал некоторым из товарищей разговор свой с Чемезовым,-воля твоя, тут что-то не так... С его стороны, по крайней мере, согласись сам, есть чему удивиться...

- Удивиться нечему, возразил Соципаров; стоило взглянуть десять дней тому назад, когда он вошел в департамент; мне тогда же бросилось в глаза и я сказал себе...

- Думаешь, тут что-нибудь того... не ладно? перебил Ефремов, пробарабанив по лбу.

- Думаю...

- Ну и думай, Бог с тобой! А мы пока честным пирком да и за свадебку, или вернее так: справим сначала свадьбу, а потом приступим, благословясь, к честному пирку! заключил Ефремов, похлопывая ладонями по животу.

VI

Настал наконец торжественный день. Чемезов, в белом галстуке, во фраке с двумя орденами в петлице, ходил скорыми шагами по комнатам в ожидании невесты. Он был в кабинете, когда она неожиданно явилась в венке из цветов померанца, в белом платье с длинным шумевшим шлейфом. Запах тончайших духов мгновенно распространился по всей комнате.

Поздоровавшись с Алексеем Иванычем, она с первых слов положила ему ладони на плеча, прищурила черные глаза и произнесла заманчиво улыбаясь:

- Алексей Иваныч, вы на меня не рассердитесь?.. скажите, что нет...

- Нет.

- Я пригласила в церковь и на обед одного моего знакомого...

- Вы говорили: не хотите ваших знакомых...

- Да; но этот очень хороший... Он даже мне несколько сродни... по маменьке... Амалия Карловна неожиданно поцеловала жениха в щеку.

- Представьте: я совсем об нем забыла! подхватила она оживленно, - три года не видались... Иду вчера по гостиному двору, - вдруг он! я тут же ему все рассказала и пригласила...

- Кто же он?

- Ах, очень хороший... он занимается фотографией... Хохлов его фамилия... маменькина фамилия... Но я вижу, вы не веселы, Алексей Иваныч... Я замечаю, вы как будто чем-то недовольны?, продолжала она слезливо, хотя губы ее не переставали улыбаться, - подумают, право, вы женитесь против воли... по принуждению... В эти последние два дня я просто не узнаю вас; никогда не видала вас таким мрачным, расстроенным... Что с вами?.. Да улыбнитесь же!..

Чемезов сделал усилие, чтобы улыбнуться, но вместо улыбки вышла кислая фигура.

Амалия Карловна отвернулась, хотела удержаться, но не могла и засмеялась.

Алексей Иваныч ничего не сказал, но по лицу его заметно пробежала тень неудовольствия. Смех этот не столько обижал его самого, сколько казался ему неуместным в те минуты, когда надо было думать ехать к венцу.

Замечание Амалии Карловны было, тем не менее, совершенно справедливо: в последние дни Чемезов казался действительно задумчивее, мрачнее обыкновенного. Ему самому трудно было определить настоящее состояние своих чувств. Надежда на счастье и сомнения, смертельная тоска и радость от нее освободиться сменялись попеременно. - "Не увлекся ли я? повторял он себе время от времени; найду ли то, чего ожидаю?.. Ее ревность к труду очевидно не больше как вспышка. Не по характеру... Может быть молодость также мешает... Но та... та была еще моложе и было все-таки счастие!.. Возвращу ли себе привязанность, без которой жить так тягостно... И, наконец, есть ли в ней настоящее чувство?.. Связывает, однако же, свою судьбу с моею, - недаром стало быть!.. И все-таки спрашиваю себя: не поторопился ли я?..

Мысли эти, начинавшие тревожить его, никогда не приходили одиноко; они неизбежно всегда связывались с воспоминаниями о покойнице. Не то сожаление, не то раскаяние овладевали им в такие минуты. Но все опять уступало место внутренней борьбе между сомнениями и надеждой на счастие, смертельной тоской и радостью от ней избавиться.

Смех едва успел умолкнуть на губах Амалии Карловны, когда в передней раздался звонок. Лакей, присланный, Ефремовым, побежал отворять; минуту спустя он подал Чемезову записку.

Амалия Карловна поспешно встала с дивана.

- Не мне ли? спросила она.

- Нет, ответил он, срывая конверт.

В записке четким почерком было обозначено: "Остерегайтесь. Вас обманывают". И только.

- Это ложь! Клевета! Гнусная клевета! вскричала Амалия Карловна, бегло взглянув на записку. Лицо ее неожиданно изменилось; губы ее и брови искривились; нос побелел и заострился; глаза сверкнули таким блеском, что Чемезов невольно попятился.

- Это враги мои! подхватила она, придавая также неожиданно слезливое выражение лицу и голосу, - чего хотят они от меня?.. Что я им сделала? Я даже знаю, кто тот негодяй, который послал это анонимное письмо... Сейчас же все объясню вам...

Но объяснению не суждено было осуществиться. В прихожей раздался новый звонок, и один за другим вошли расшаркиваясь Ефремов. Социперов и еще два чиновника: надворный советник Бабков и губернский секретарь Сельдереев.

- Я кое-кого еще пригласил, суетливо заговорил Ефремов, едва переводя дух от одышки,- но они будут ждать в церкви; оттуда уже все вместе,- огулом, так сказать, - отправимся в Малый Ярославец. Там все готово!.. Позвольте, сударыня, иметь честь представиться...

Тут он остановился перед Амалией Карловной, успевшей совершенно оправиться, развел руками, как актер, вызванный на сцену, отвесил низкий поклон и начал поочередно представлять сослуживцев, которым Чемезов успел уже рассеянно пожать руки.

Роль распорядителя очевидно увлекала Ефремова; озабоченное выражение на его круглом лице приводило на память церемониймейстера, представляющего послов; его толстая, осанистая фигура могла бы дополнить впечатление, если б окончательное сходство не нарушалось, к сожалению, небрежностию туалетной обстановки; белый галстух был далеко не первой свежести, на обшлагах затрепанного фрака виднелись следы пятен от разных соусов, старые панталоны, приподнятые разросшимся животом, открывали выше щиколки плохо вычищенные сапоги, прическа была "au naturel" - из серых сухих и взъерошенных завитков, разлетавшихся во все стороны. В этом виде он представлял совершенную противоположность с надворным советником Бабковым.- кругленьким и гладеньким, как огурчик, человеком, с крестом на шее, вылощенной накладкой на черепе, гладком как чайник, крашеными бакенбардами и с головы до ног опрысканным о-де-колонью. Сельдереев не был так надушен и не имел креста на шее, - но брал ростом и молодостию; рост впрочем придавал ему чахоточный вид, а молодость выражалась менее чертами лица, чем узенькими лаковыми ботинками, которые так стесняли ноги, что, казалось, выжимали слезы из глаз владельца, прикрытых золотыми очками. Съеженная, завистливая наружность Социперова уже известна; прибавить можно только, что он не грыз ногтей потому, что мешали перчатки.

Каждый раз как Ефремов подводил Амалии Карловне которого-нибудь из шаферов,- она окидывала его пытливым взглядом, застенчиво потом опускала ресницы и церемонно кланялась.

- Пора однако же, господа; все готово: шафера налицо, священник у амвона, кареты у подъезда! заговорил Ефремов, пробуя надеть перчатку, которая никак не влезала, - полноте же вам смущаться, дражайший Алексей Иванович! чувства ваши я понимаю... вполне! но теперь не до философских размышлений,- надо действовать!..

Он припал правым плечом и согнул калачиком руку, чтобы подать ее невесте, но опомнился и поспешил выставить вперед Бабкова, который повел Амалию Карловну к выходной двери. Ефремов, желая вероятно ободрить Чемезова, подхватил его за талию, но тот осторожно отвел его руку, взял шляпу и в сопровождении остальных лиц вышел из кабинета. Но Ефремов слишком занят был своей ролью, чтобы останавливаться перед такими мелочами. Он торопливо протискался вперед, ворвался в приходную и, увидав невесту в шубе, настоятельно стал требовать, чтобы она прикрыла голову оренбургским платком и надела меховые сапожки.

- Не выпущу без этого, говорил он, обматывая себе шею шерстяным шарфом, сильно подточенным молью,-ни за что не выпущу; помилосердуйте: двадцать градусов и ветер в придачу; так прямо из Шлиссельбурга и поджаривает!.. брр!..

Морозило действительно сильно; но небо было покрыто и обещало к вечеру оттепель.

В церкви Чемезова неприятно поразило скопище любопытных. Ефремов уверял, никого не будет кроме шаферов и двух-трех близких знакомых; вместо того встретилось множество сослуживцев и еще больше совершенно незнакомых лиц. Из числа последних Ефремов представил жениху приятеля своего Фукса, молодого человека, рябого как кукушка, с рыжими волосами, и тут же мимоходом подвел другого приятеля, Фанфарова, рослого, кудрявого господина с черными бакенбардами в виде котлеток. Амалия Карловна, со своей стороны, робко подвела фотографа Хохлова, - писаного красавца с подточенными усиками, спаньолкой, прической а la "чорт меня побери" и пестрым галстучным бантом такого же эффектного характера.

Чемезов ограничился поклонами. Ему было не до любезностей. Видя себя предметом всеобщего любопытства, он в первые минуты совсем растерялся.

К счастью, обряд венчания произошел очень скоро.

Начались поздравления. Чемезов был так взволнован, что не находил слов в ответ на приветствия. В то время как Амалия Карловна пожимала всем руки, казалась такою веселой и всем улыбалась, - он готов был убежать и скрыться куда-нибудь подальше. Перед ним, как точка света в темноте, ясно мелькала одна мысль: " Скорее бы все это только кончилось... скорее бы освободиться!.." Но делать было нечего, надо было овладеть собою; предстоял еще обед в Малом Ярославце!

Тут, надо сказать, Ефремов в самом деле отличился. Комната оказалась та самая, которую он так красноречиво расхваливал. Стол был сервирован на славу. Свет двух больших канделябр и средней люстры ослепительно играл на гранях стекла, разливался по серебру, бутылкам и салфеткам, сложенным калачем на тарелках. С боку у стены находился другой стол, покрытый всевозможными водками и закусками. Подле открывалась дверь в комнату, также освещенную.

Ефремов стоял у входной двери и с торжествующим видом вводил гостей.

Убедившись, что все налицо, он сделал самодовольный, выразительный жест по направлению к большому столу и произнес: "Ну что, дражайший Алексей Иваныч, какова механика!.." и тотчас же приступил к распределению молодых и гостей:

- На почетном месте, здесь, садится Амалия Карловна, лицом к ней - молодой! подле молодой с правой руки, ее шафер Бабков; с левой- Сельдереев; подле молодаго, справа - Социперов, слева - я!.. Пожалуйте!., заключать он, подавая руку Амалии Карловне и подводя ее к закуске; он тут же, одна' кож, ловко уступил свою даму фотографу Хохлову и приступил к водке.

Стол был тотчас же окружен.

Чемезов напрямик отказался от закуски; у него началась жестокая головная боль.

- Что ж ты, Сельдереев? такой тоненькой, а пролезть не можешь! кричал Ефремов, набивая рот, - Фанфаров, рекомендую: селедки - просто сахар, икра - мед, фаршированные раки - конфекты, осетрина - мое почтенье!!.. Такой осетрины, заметь себе, Бабков, ты нигде не найдешь, поезжай хоть в самую Астрахань!

- Вам свежей икры, Амалия Карловна? внимательно осведомился Хохлов.

- Да, но я больше люблю эту сухую икру... не знаю только, как ее назвать...

- Паюсная, сударыня!.. Паюсная!!., воскликнул Ефремов с выражением упрека в голосе.

Но суп был подан и все поспешили к своим местам.

Обед обещал большое веселье. Ефремов, глотая пирожки как пилюли и заливая их раковым супом, немедленно приступил к своим шуточкам; Фанфаров и рыженький Фукс усердно его поддерживали. Амалия Карловна не переставала смеяться, прислушиваясь к шептанью Хохлова и Сельдереева, которые в перегонку сообщали ей, вероятно, очень забавные вещи. Бабков и Социперов пока мало говорили, но, все равно, сердце радовалось при виде, как они ели. Здесь, очевидно, не было места для уныния,- и с этой стороны Чемезов мог считаться лишним. Он сам, по-видимому, хорошо это чувствовал. К счастью еще, мало к нему обращались. Зная его угрюмую несообщительность, сослуживцы оставляли его "разводить меланхолию", как выразился Ефремов. Социперов, никогда особенно не сочувствовавши Чемезову и взявший на себя роль шафера только по настоятельной просьбе Ефремова, едва перекинулся с ним двумя-тремя словами. Остальные, кроме Амалии Карловны,- еще меньше о нем заботились; внимание ее больше, впрочем, ограничивалось взглядами. Встречая всякий раз его нахмуренное, мрачное лицо, глаза ее теряли свою приятность и брови соединялись у переносицы но это продолжалось несколько секунд. Увлекаемая любезностью соседей, она снова смеялась и кокетливо прищуривала глазки. Вообще, надо сказать, она менее напоминала теперь институтку, но скорее даму бойкого свойства. Каждый раз как кто нибудь говорил с нею. она возражала с уверенностию, ресницы ее не опускались, глаза смело смотрели вперед или заманчиво прищуривались в ответ на любезности.

Обед между тем шел своим чередом. Блюда и вина сменялись,

разговоры оживлялись, веселье возрастало. У Фанфарова, после второй рюмки хереса, открылся бесподобный бас и он гремел неумолкаемо; ему вторил писклявый дискант рыженького Фукса, вступавшего в спор с Хохловым. Ефремов успел уже рассказать свой знаменитый анекдот о чиновнике с расслабленным желудком, который вдруг испугался козла, и спохватился прервать его, когда уже было поздно. Фукс и Хохлов все больше и больше горячились. Фанфаров, очевидно начинавши придираться к Бабкову, непочтительно заговорил вдруг о чиновниках, назвав их "канцелярскими крысами". Бабкову, конечно, не в первый раз приходилось слышать такое выражение, но тут он почему-то вдруг обиделся. По всей вероятности он обиделся бы еще больше, если б мог заметить, что всякий раз, как наклонял раскрасневшееся лицо, Амалия Карловна, сидевшая рядом, указывала Хохлову глазами на его паричок, расходившийся звездой на макушке; но Фанфаров неожиданно как-то перешел к ресторану Доминика и начал его расхваливать, - чем, с другой стороны, задел за живое Ефремова.

- Дудки! вскричал Ефремов, чепуха!!. Чем вздор говорить, лучше лей! лей да соседям подливай!.. Социперов, налей еще себе дреймадерки и передавай дальше... Дорогая наша красавица молодая, вы совсем околдовали ваших соседей; они только любуются на ваши глазки и ничего в рот не берут!.. Хохлов, Фукс, - вы опять заспорили!.. А, наконец-то, вот она, вот наша голубушка! восторженно провозгласил он при виде блюда с индейкой, которое вносил половой,- давай его сюда, Ефимушка, сюда ставь передо мной, я сам ее разрежу... Хотел заказать парочку фазанов, но их не нашлось, шепнул он мимоходом под ухо Чемезову, который даже не поблагодарил его за такое намерение, - нутка, Фанфаров, закричал он, поди-ка к своему Доминику, посмотри, сумеет ли он так зажарить!.. Нет: - тютю, молода еще, в Саксонии не была! Кожица-то сама отстает, даже смотри, пузырики по ней бегают... Господа, кому что угодно: с одного бока яблоки,- с другого каштаны...

На минуту все занялись индейкой.

Но подали еще вина, наконец полилось шампанское и в поднявшемся шуме раздались голоса Ефремова и Фанфарова, провозглашавшие тосты.

- За здоровье молодых! кричал Ефремов, выкатывая глаза и подымаясь со стула.

- За здоровье молодых! ревел Фанфаров, потрясая бокалом.

- За здоровье молодых! кричали не менее усердно остальные, подходя поочередно к Амалии Карловне и Чемезову, который, как волк, окруженный собаками, бросал во все стороны растерянные взгляды.

Социперов воспользовался минутой, когда поздравления были в полном разгаре, мигнул Ефремову и отвел его к окну.

- Помнишь, что я говорил насчет... шепнул он, указывая глазами на Чемезова.

- Ну...

- Теперь я в этом не сомневаюсь...

- В чем?..

Социперов приложил палец ко лбу и хотел продолжать, но Ефремов не дослушал; в эту минуту подавали дутый малиновый пирог, прозванный почему-то Ефремовым "пустой надеждой".- и он снова поспешил к столу.

Фанфаров, у которого одна бакенбарда скосилась на сторону, приставал между тем теперь к молодому; он убеждал Чемезова покинуть мрачный вид, уверяя, что веселость, с его стороны,- в некотором роде теперь даже обязательна.

- Справедливо! заголосил Ефремов. Вы, дражайший Алексей Иваныч, должны теперь сиять, блаженствовать! И вместо того, что же мы видим? Видим печальное, расстроенное лицо!.. На всех сошлюсь: похожли, господа, наш дорогой Алексей Иваныч на молодого?.. Глядя на нее, сердце: тук-тук - так и подпрыгивает. Вы, между тем, хоть бы улыбнулись, словцом подарили... Но погодите, почтеннейший, это вам даром не пройдет! Амалия Карловна растормошит вас... Сам начну теперь к вам наведываться, сам наблюдать стану... все мы наблюдать будем... Не так ли, господа? Фу, Боже мой, да оживитесь же, оживитесь!., заключил он, похлопывая Чемезова ладонью по спине.

Чемезов отодвинул стул и поднялся с места. Ефремов объявил, что обед кончен, встал вместе с Чемезовым и велел подавать кофе и ликеры.

Амалия Карловна поспешно подошла к мужу.

- Что с вами?., спросила она, стараясь вызвать на лице выражение участия и беспокойства.

Но усилия ее были совершенно лишние. Уже в последние дни сомнения начинали в нем устанавливаться. То, что произошло утром: неожиданное родство с Хохловым, путаница ее объяснений, анонимное предостережение, какие-то враги, о которых прежде помину не было, раскрыли ему глаза. Но в это утро его чувства и мысли были слишком взволнованы; он ходил как в тумане, терялся, готов был, казалось, решиться на смелый шаг,- но тут же откладывал такое намерение, падал духом и в последнюю минуту отступил в страхе перед неминуемыми трагическими сценами и скандалом. Теперь он вполне очнулся, понял, куда завлекла его тоска и безумное желание от нее освободиться, понял вполне глубину своего несчастья. Горечь обманутых чувств и надежд сменилась в его сердце негодованием. Он не мог выносить теперь вида этой женщины. Как только она подошла, он отвел глаза в сторону и, не ответив на ее вопрос, скорее отошел к окну.

Амалия Карловна хотела объясниться, - но в это время загородили ей путь Фукс, Хохлов и Сельдереев, - один с чашкою кофе, другой с коробкой конфект, третий с перчатками, которыя она забыла на столе.

Амалия Карловна, не мешает заметить, в продолжение обеда стыдилась за своего мужа; он мог молчать и быть расстроенным сколько угодно, но не теперь, когда то и другое ставило ее в такое неловкое положение перед чужими. С ее стороны сделана была, кажется, достаточная уступка тем, что она подошла к нему, хотела дальше за ним последовать, вопреки его грубому обращению; - но дальше, , после того как он отвернулся и отошел к окну, что же оставалось ей делать? Оставалось показать вид, что она нисколько не обижается его дикими выходками. "Это послужит ему уроком", - подумала она, принимая снова веселый вид.

- Сюда, красавица, сюда, на диванчик, милости просим! Тут, драгоценная, вам будет удобнее, кричал между тем Ефремов из ближайшего угла.

Амалия Карловна приняла чашку из рук Фукса и, улыбаясь направо и налево своим кавалерам, направилась к дивану.

- Сюда, золотая... сюда... подхватил с увлечением Ефремов, между тем как Фукс услужливо подкладывал подушку, Хохлов высматривал для себя удобное место, Фанфаров раскрывал фортепиано, Бабкбв делал усилия, чтобы встать из-а стола, и глупо улыбался, а Соципров смотрел задумчиво на остаток пирожного. Чемезов воспользовался этой минутой и незаметно прошел в соседнюю комнату.

- Вот так, золотая, - я говорил, здесь будет удобнее, хлопотал Ефремов, окончательно разнеживаясь, - и ножки ваши сахарные вытянуть можете... а где же Розенкранц? (так звал он в минуты увлеченья Прохора, другого полового) - знаю, должно быть также где-нибудь на свадьбе...

Амалия Карловна расположилась на диване, приняв грациозную позу, Хохлов улегся Гамлетом у ее ног, Фукс уселся в головах, Бабков и Соципров,- один сантиментально, другой настоятельно, потребовали себе места подле молодой; Ефремов собирался к ним присоединиться, но в эту самую минуту Фанфаров брякнул по клавишам и заиграл "камаринскую".

- Не могу, драгоценная Амалия Еарловна, - это выше сил моих!.. Играй громче! воскликнул Ефремов, бросаясь раздвигать стулья между столом и входной дверью...

Он закинул назад голову, подобрал фалды и, колыхаясь как бочка, пущенная на воду, принялся выплясывать "русскую", мелко семеня ногами и приговаривая:

- Вот как мы с нашей сединкой!.. Вот как!.. Смотрите, Алексей

Иваныч, как надо веселиться! Произведут в действительные,- нельзя будет... не по чину!.. Громче, Фанфаров!!. Надо же, наконец, развеселить молодого!.. Это просто ни на что не похоже!!, вот как мы, Алексей Иваныч!.. Но где же он?.. проговорил Ефремов, оглядываясь вокруг и неожиданно останавливаясь.

- Где же в самом деле Алексей Иваныч?.. осведомилась Амалия Карловна, отталкивая Фукса, который начинал целовать ей руки, не замечая раздраженных взглядов Хохлова.

- Где он?.. спросили остальные.

- Эй, люди!.. Ефим! Кто там?.. засуетился Ефремов, подходя к двери.

Вошедший половой объяснил, что господин, о котором спрашивают, изволили уйти. При этом известии все встали со своих мест.

- Ушли, подтверждал половой; вскоре как из-за стола встали, уйти изволили; вышли вероятно в эту комнату, оттуда в коридор, спросили шубу и ушли...

- Вот так штука! проговорил Ефремов, обводя присутствующих недоумевающими глазами,- что ж это значит?.. Как объяснить?.. Все могло случиться, но этого... этого, признаюсь...

- Боже мой!.. Боже мой!!, воскликнула Амалия Карловна, закрывая лицо руками и снова опускаясь на диван.

Все бросились к ней и начали ее успокоивать. Один Ефремов не трогался с места; выпучив глаза, он стоял как громом пораженный.

VII

Чемезов, между тем, направлялся скорыми шагами по Большой Морской.

Сумрачное небо, обещавшее утром оттепель, отчасти только оправдало ожидания. Мороз действительно убавился, но холодное утро сменилось туманным вечером; к ночи туман так сгустился, что фонари просвечивали как сквозь серую, мокрую тафту. Усиленный шум карет, движение на улицах-показывали, что представление в театрах только что кончилось. В ресторане Бореля окна бельэтажа горели огнями; насколько позволял туман, можно было различать зажженные люстры; там, вероятно, не успели кончить большого обеда или приготовлялись е заказному ужину. Толпа зевак теснилась на тротуаре. В других местах тротуар был почти свободен. Торопливо проходили пешеходы с поднятым воротником, опушенным подле рта изморозью. Проходили иногда женщины, замедлявшие шаг перед фонарями: мелькала эксцентрическая шляпка, из-под которой смотрело набеленное лицо и выглядывали два бойкие глаза.

Чем дальше оставалась за спиною Большая Морская, - тем заметнее умолкал шум и реже встречались пешеходы.

Улицы, наполненные туманом, уходили в непроглядную ночь и кроме тусклых фонарей редко где встречались освещенные окна.

Чемезов продолжал идти, не замечая, что многие, при встрече с ним, сторонились, иногда останавливались и смотрели ему вслед. Каждый, более или менее, выводил заключение, что встретил пьяного или скорее несчастного игрока, готового броситься в ближайшую прорубь; во всяком случае, никто не думал видеть в нем господина, спокойно возвращающегося с вечеринки в белом жилете и галстухе.

Он шел с распахнутой шубой, низко опущенной головой, открывавшей сзади голую шею, и руки его дрожали. Но дрожь происходила менее от мороза, чем от внутреннего лихорадочного озноба, который прошел в него еще на лестнице "Малого Ярославца". При всем том, он казался менее взволнованным, чем видели его в конце обеда. Судорожные подергивания в лице прекратились; глаза не бросали растерянных взглядов; они, напротив, скорее пристально куда-то всматривались. Чемезовым точно постепенно овладевала преимущественно одна мысль, отклонявшая все остальные. Сосредоточиваясь на ней более и более, он почти бессознательно повернул на Екатерининский канал и остановился перед воротами дома, где нанимал квартиру во втором этаже, окнами прямо против фонаря.

Заспанный дворник, тяжело переваливаясь в лохматой шубе и валенках, отворил ему калитку. Чемезов шагнул через порог под ворота. Темнота была страшная. Огни на дворе были погашены; жильцы, - по большей части люди мирные, - давно спали. Чемезов машинально вынул из кармана шубы ключ от квартиры и с тем же напряженным, неподвижным взглядом, устремленным в темноту, - начал подыматься по лестнице.

Достигнув второго поворота, он неожиданно остановился и быстро откинулся назад; ему, очевидно, хотелось ухватиться за что нибудь руками; но пальцы судорожно ощупывали позади спины иней, покрывавший гладкую стену. Шуба его скосилась с плеча, шляпа чуть не упала к ногам. Но он неподвижно стоял на прежнем месте; у него не хватало силы оторвать глаза от беловатого туманного пятна, которое как бы вдруг выступило из мрака лестницы... С каждой секундой пятно это увеличивалось и светлело... Туман слегка вытягивался и начинал тихо колебаться, отделяя от себя словно складки белого платья... Несколько выше стало выясняться лицо... Оно пока едва приметно складывалось, заслоняясь проходившими мимо тонкими волнами тумана... Но волны эти отходили, точно сдуваемые ветерком, и лицо каждый раз делалось яснее... В нем, - почудилось Чемезову, - обрисовались знакомые, когда-то нежно любимые черты...

В один миг все исчезло; мрак и тишина снова окутали лестницу.

Чемезов не помнил, как отворил дверь квартиры, как вошел в нее; не отдавая себе отчета в своих действиях, - он запер дверь и заложил ее на железный крюк. При первом шаге, - он замер на месте.

Белое туманное пятно снова показалось... Не успел он опомниться, как оно разрослось, заколебалось и в нем, сначала смутно, потом все яснее и яснее проступили те же знакомые черты... Ближе... ближе... Чемезов почувствовал на лице своем чье-то дыхание... мимо слуха прошел шелест... точно далеко кто-то проходил легкими стопами по сухим листьям...

Холод пробежал по его волосам; он хотел крикнуть, но дыхание остановилось в его груди. Он бросился в угол, плотно прижался лицом к стене и закрыл глаза; но сквозь сомкнутые веки знакомые черты просвечивали еще явственнее; он видел их выражение, видел кроткий взгляд, чувствовал, как он проникал ему прямо в душу...

Объятый ужасом, Чемезов бросился в соседнюю комнату.

Она была светлее других; в нижней части опущенных оконных занавес проходил огонь от уличного фонаря. В полумраке блистало зеркало, опутанное вокруг лентами, отделялся стол с туалетными принадлежностями, обрисовывались нижняя часть висевших женских капотов и женские новые туфли; ближе к свету белела большая кровать с высоким кисейным пологом, верхняя часть которого пропадала под потолком. Чемезов отвернулся, - но в ту же секунду из противоположного угла отделилось туманное пятно... и в нем снова показался образ покойницы... Теперь он был совершенно уже ясен; вокруг распространялся голубоватый фосфорически свет, сообщавшийся ближайшим предметами. Она смотрела теперь сверху, - склонив к нему голову; но на этот раз, почудилось ему, - в неподвижных ее глазах было уже другое выражение... Она смотрела на него как бы с укором и глубокой печалью... И взгляд этот как холодное лезвие прошел в его сердце...

Он отчаянно схватил себя за голову, бросился к двери, но никак не мог найти ручки. Он бешено начал тогда метаться по комнате, опрокидывая стулья, хватая в забытьи предметы, попадавшиеся под руки, сорвал полог над кроватью, сорвал капоты, начал топтать их ногами, наконец, остановился, крикнул: "Прости меня! Прости!!.." и, зарыдав, упал лицом на пол.

157

Несколько времени спустя, на лестнице, которая вела в квартиру Чемезова, послышались голоса и шаги, торопливо стучавшие по ступенькам. Посреди шума явственно раздавался хриплый голос дворника, уверявшего, что барин давно вернулся домой и нельзя же не знать ему этого, когда он сам отворял ему калитку. Дворник знал также, что барин, перед тем как ехать к венцу, отпустил кухарку, сказав ей, вероятно, что вернется поздно домой, и кухарка до сих пор не возвращалась; кухарки не было дома, - это точно, - но барин, - барин давно возвратился.

Амалия Карловна, бежавшая скорее других. остановилась наконец перед дверью и позвонила.

- Прошла минута, - никто не отзывался.

Старания дворника и за ним Фанфарова. Хохлова и Фукса (Социперов и Бабков, предвидя скандал, поспешили скрыться, как только все вышли из трактира), - привели к тому же результату.

Ефремов, едва переводя дух от одышки, хрипевшей в его горле, - принялся звонить в свою очередь; - за дверью никто даже не пошевелился.

Амалия Карловна, производя отчаянные жесты, села на подоконник и заплакала.

Тогда присутствующее бросились к двери и общими силами принялись колотить в нее кулаками; но дворник поспешил остановить такое усердие.

- Позвольте, господа, вы этак, помилуйте, всех жильцов разбудите!., сказал он, становясь перед дверью с распахнутой шубой, - у нас никогда такого шуму в доме не бывало... Что за притча? прибавил он, снова наклоняясь к замочной скважине, в надежде увидать хоть что-нибудь.

- Нельзя ли, братец, по черной лестнице как-нибудь?, проговорили в один голос Ефремов и Фанфаров, сходившиеся, как видно, не только в пирушках, но и в мыслях.

- Никак невозможно, - там дверь заперта, возразил дворник, кухарка взяла ключ с собой; сказала: придет, сама отворит; но он знал: - кухарки до сих пор не было... Делать нечего, надо, стало быть, позвать городового.

- Как, полицию?.. вскричала Амалия Карловна, вскакивая опять на ноги.

- А то как же?..

В то время как дворник, ворча и бранясь, отправлялся за полицией, - мужчины, оставшиеся на лестнице, снова усадили Амалию Карловну на подоконник и начали утешать ее. Она не знала, куда деваться от сраму, обливалась слезами, бросалась то к тому, то к другому, не обращая уже внимания на шляпку, которая совсем съехала на сторону.

С появлением двух городовых и дежурного полицейского офицера все тотчас же притихли. Ефремов назвал по имени каждого из присутствующих и последовательно рассказал все дело, как оно было.

Дворник не замедлил появиться с фонарем и ломом.

Когда дверь была открыта, Амалия Карловна ворвалась первая, но тут же отступила, испуганная темнотою. В прихожей отыскали свечки. В то время как вошедшие сымали шубы, Амалия Карловна бойко выхватила одну из зажженных свечей и, поправляя на ходу шляпку, поспешила войти в квартиру. Никто не успел еще разоблачиться как следует, когда из дальней комнаты послышался раздирающий крик.

Все туда бросились.

Войдя в спальню, присутствующее увидели прежде всего Амалию Карловну, распростертую на кушетке и бившуюся в истерическом припадке. Несколько дальше, на полу, лицом к потолку, лежал Чемезов с перерезанным горлом.

Известие о трагической смерти Чемезова быстро разнеслось, на другой день, не только но департаменту; но и по министерству. Предположениям конца не было. Как обыкновенно в таких случаях, каждый делал свой вывод, выражая неудовольствие, когда не соглашались с его мнением.

Одни приписывали самоубийство огорчениям по службе, находя, что Чемезову, прослужившему беспорочно восьмнадцать лет, давно бы следовало быть статским советником; другие находили такой род смерти неизбежным для мизантропа, - человека характера крайне угрюмого и несообщительного; третьи руководились больше романтическими соображениями и, хитро прищуривая левым глазом, повторяли на каждом шагу, - "Ou est la femme?" - как бы радуясь тому, что напали на счастливое слово; четвертые смело и решительно, не терпя даже возражений, утверждали, что тут дело совсем не так просто, как кажется; всем известные теперь нелюдимость и мизантропия этого чиновника служили, по их мнению, только маской, скрывавшей участие его в тайном обществе; вышла неудача, попали на след; выхода "другого не было; одно оставалось: наложить на себя руки!..

Надо сказать, однако же, - лица, присутствовавшие на свадебном обеде, менее всего принимали участие в этих разговорах. Все они заметно даже как бы притихли против обыкновенного. В первое время видно было даже старание избегать друг друга. Встречаясь на службе или на улице, они молча пожимали руку, изредка разве позволяя себе намекнуть о случившемся. Так, например, не раньше как спустя два месяца, Фукс решился шепнуть Сельдерееву, что встретил в пассаже Амалию Карловну, - всю в черном, правда, - но идущую под руку с фотографом Хохловым. Сельдереев, с своей стороны, счел надобным принять некоторые предосторожности, - оглянулся направо и налево, - прежде чем сообщил об этом Ефремову, которого встретил в трактире Палкина, доедающего одиноко порцию кулебяки. Выслушав сообщение, Ефремов только отвернулся и плюнул. Он точно взял зарок отмалчиваться каждый раз, как речь касалась Чемезова. Веселость его мгновенно пропадала; круто выступающие серые зрачки притупленно смотрели вбок, кончик раздвоенного носа не приходил в движение. В редких разве случаях, когда не было уже никакой возможности отделаться, он говорил, значительно шевеля густыми серыми бровями:

- Да, батенька, - история, скажу вам!.. Гм! и на этом обыкновенно останавливался.

Более других, впрочем, сторонились и избегали встреч Бабков и Социперов.

Бабков до сих пор сидел как пристыженный в своем отделении. Он простить себе не мог, каким образом, при солидности его лет, при семье из восьмерых детей, в числе которых три мальчика посещали гимназию и старший за отличие переведен в высший класс, - каким образом, наконец, при его чине и Владимире в петлице,- мог он согласиться на просьбы этого шута Ефремова и сделаться участником в такой истории.

Социперова больше всего пугала огласка. Он кусал ногти до крови при мысли, что скандал, в котором случайно был замешан,- может бросить на него тень в глазах начальства и повредить ему при производстве. С наступлением нового года он совершенно, однако же, успокоился. Его произвели, и уже к Рождеству успел он отпустить себе те пушистые, вперед зачесанные бакенбарды, какими преимущественно любят украшать себя в Петербурге - статские советники и в Берлине - кельнеры.

СПИСОК